凤凰师轩
FENGHUANG SHIXUAN
行知工程
Education
教育新思考系列

读写互促

探寻学以致用的语文教学

曹龙 著

江蘇鳳凰教育出版社
Phoenix Education Publishing, Ltd

图书在版编目（CIP）数据

读写互促：探寻学以致用的语文教学/曹龙著.
—南京：江苏凤凰教育出版社，2015.3
ISBN 978-7-5499-2032-7

Ⅰ.①读… Ⅱ.①曹… Ⅲ.①阅读课—教学研究—中小学
②作文课—教学研究—中小学 Ⅳ.①G633.302

中国版本图书馆 CIP 数据核字（2014）第 301600 号

书　　名	读写互促——探寻学以致用的语文教学
作　　者	曹　龙
责任编辑	午新生　雷利军
出版发行	凤凰出版传媒股份有限公司
	江苏凤凰教育出版社（南京市湖南路 1 号 A 楼　邮编 210009）
苏教网址	http：//www.1088.com.cn
照　　排	润星之源文化有限公司
印　　刷	三河市华润印刷有限公司
厂　　址	河北省三河市杨庄镇杨庄村
开　　本	787 毫米×1092 毫米　1/16
印　　张	14
字　　数	194 千字
版　　次	2015 年 3 月第 1 版　2015 年 3 月第 1 次印刷
书　　号	ISBN 978-7-5499-2032-7
定　　价	30.00 元
网店地址	http：//jsfhjycbs.tmall.com
邮购电话	025-85406265，85400774　短信　02585420909
E - mail	jsep@vip.163.com
盗版举报	025-83658579

总 序

癸巳年夏，行走内蒙古草原，得以结识《内蒙古教育》主编孙志毅老师。我见到的孙老师，是学问中人，也是性情中人，满腹诗书，一身清爽。我喜欢听他谈古说今，描摹当地掌故名物，而逢应酬的场合，他却如局外人一般，淡漠无言，我更心生欢喜。现在，他牵头编辑“教育新思考系列”丛书，收六位作者的教育随笔和教研手记，嘱我作序，我欣然命笔。我素来由人判断事的价值，相信“纯粹之人必做纯粹之事”。六位作者皆是内蒙古基础教育领域的精英，从书名就可以看出他们“行走”的足迹，可以一睹他们长途跋涉的风姿——王丛老师三十年苦苦寻觅，回望百年来语文教育走过的路程，倡导从先人那里获得智慧；韩中凌老师的“批注式阅读”，同样承继了“不动笔墨不读书”的古训，让我想起脂砚斋、金圣叹、张竹坡；曹龙老师的语文教育理念显然脱胎于叶圣陶先生，但他在实践中摸索出的操作方法值得称道；而丛智芳老师从小处入手谈语文教育之宏旨和马建秀老师“跳出数学教数学”的跨学科思维同样给我们深刻的教育启迪。

在他们的这趟教育之旅中，我很乐意做一个随行者，说一点外行的想法。

基础教育是学校教育的重要阶段，我认为也是最艰难的一个阶段。怀特海在论述智力发展阶段时指出：小学和大学都以自由为主导，唯有在中学阶段，纪律是主导，自由必须从属于纪律。按照我的理解，自由是顺应兴趣，而纪律是服从必须。在小学阶段，智力教育的重点是激发和培育一般的求知兴趣，在大学阶段，则是根据业已明确的兴趣方向自主地学习。中学阶段的情况却大不相同，不管是否感兴趣，学生必须学习大量基础知识和技能。因此，中学生是最辛苦的，中学老师也是最难当的。当然，没有兴趣的学习是低效率的，而困难正在于如何引导学生对必须学的知识产生兴趣，使纪律成为自由选择的结果。事实上，即使在学习基础知识的过程中，有三个因素也是具有超越知识本身的价值的，那便是：

1. 通过文史哲课程的学习受到人文熏陶，使之拥有丰富的心灵和高贵的情怀；

2. 通过数理化课程的学习得到思维训练，培养智力活动的兴趣和习惯；

3. 通过全部课程的综合，了解人类知识的概貌，犹如在胸中画一张文化地图，为确定个人兴趣方向和今后专业选择提供依据。

在我看来，这三者是比知识更重要的目标，而如果它们在教学中得到充分的体现，就能够大大提高学生学习知识的兴趣和效率。

无论是教中小学还是大学，教师都应该具备优良的精神素质。他自身是一个热爱智力生活、对知识充满兴趣的人，才能够在学生心中点燃同样的求知热情。他自身是一个人性丰满、心灵丰富的人，才能够用贴近人性、启迪心灵的方式去教学生。除此之外，鉴于基础教育的特点，对中学教师还有特殊的要求。

其一，基础课程横跨文理，科目多，知识量大。因此，中学教师特别要讲究教学艺术，寻求效率的最大化。对于所任的课程，他要善于精选学生必须精确而牢固地掌握的关键内容，把这些内容真正讲透，因而不必勉强学生去熟记许多次要的东西。这样的教学既能节省学生的精力，又容易引发学生的兴趣。当然，要取得这样的效果不能单凭方法，教师自己必须相当精通所任的课程，对基本原理能够融会贯通，举一反三。

其二，中学教育实质上是通识教育。因此，中学教师应该是一个通识之才，一个某种程度上的“杂家”，有广阔的知识面，这样才能够触类旁通，把所任的课程教得生动活泼，趣味十足。学生的天赋类型是有差别的，未必都对你所教的这门课程有兴趣，但是一个好的教师可以做到两点，一是使天赋类型适合的学生产生浓厚的兴趣，二是使天赋类型未必适合的学生产生一般的兴趣。

说了上面这些外行的想法之后，我愈发相信我的这个判断了：中小学老师是最难当的，小学尤其如此。因此，我要向本丛书的六位作者、也向全国基础教育领域的每一位优秀教师表示我深深的敬意。

周国平

2014 年 6 月 11 日

目录

CONTENTS

读写互促的理念探讨

从读写互促的角度来认识读写结合 …… 3
从读写互促的角度设计习作的片段模仿 …… 8
从整体联系的角度来安排读写结合 …… 12
挖掘文本中的读写互促“因子”(一) …… 19
挖掘文本中的读写互促“因子”(二) …… 25
挖掘文本中的读写互促“因子”(三) …… 30
数字背后的教育理念 …… 36
这样的“思考力”是否对头——以《尊严》为例 …… 40
《再见了，亲人》中的小练笔真的没法做吗？ …… 45
是无法承受的道德之重吗？——与张肖华、程福蒙老师商榷 …… 51
让评价也成为一种语文学习——引导学生自主评价侧记 …… 56
10 分钟能做什么？ …… 63
小学生学文言有没有必要 …… 67
也谈“语言环境中识字” …… 70
也说母亲的恩情 …… 76
我曾为写而教 …… 78
实实在在做研究，提高学生语文能力 …… 83

读写互促中的教学实践与反思

《鸟的天堂》"读写结合板块"教学设计 …… 89
两入"沙漠"由"知"到"行"
——《我应该感到自豪才对》教学片段 …… 93
未成曲调先有情——对古诗词改写短文的思考 …… 96
莫把奇才束高阁——《少年王勃》备课札记 …… 100
母亲仅仅是点点头吗？——《落花生》教学所思 …… 102
不作为乃信赖的基石——《珍珠鸟》教学偶得 …… 105
溯泉水之源，觅珍珠之美——《珍珠泉》教后反思 …… 107
让托月的云厚起来——《燕子专列》教学后记 …… 110
让"高尚"和"无知"倾情对话——《路旁的橡树》教学札记 …… 113
还有更重要的——《检阅》教学后记 …… 115
让爱的甘泉滋润人间——《七颗钻石》教学后记 …… 118
雨过也绸缪——《秋天的雨》教学后记 …… 121
隧道为何"弯弯曲曲"——《蟋蟀的住宅》教学反思 …… 124
由"大峡谷"到"小学校"——《雅鲁藏布大峡谷》教后再记 …… 127
从课后问题的角度看《去年的树》——《去年的树》教学札记 …… 130
假如让我再来一遍——《爬山虎的脚》教学后记 …… 135
对比阅读，类篇仿写——《颐和园》教学后记 …… 137
寻找联系，致用转化——《桂林山水》教学后记 …… 140
挖掘课内外资源，有效促进读写——《草原》教学补记 …… 144
《白杨》小练笔的二次开发 …… 147
贯通联系，促进写练——《把铁路修到拉萨去》写练设计 …… 149
《祖父的园子》的片段仿写 …… 151
应该有一场既寒又暖的祭奠——《桥》教学后记 …… 153

坦露心扉最可人——《窃读记》教学后记 …… 157
摇花之乐有几何？——《桂花雨》教学后记 …… 160
膨胀快乐因子，追溯怀旧之源——《小桥流水人家》教学偶得 …… 163

写作教学中的预设与生成

莫言骄阳热，嘉木应有阴——记一次作文教学 …… 169
作文教学中“生成”的“预设” …… 173
不务正业“捉迷藏”，为学生提供日记素材 …… 177
幼蟹历险记——日记素材偶得 …… 179
口语交际与剧本创编 …… 184
老师，我们自己表演行吗？
——“当有人敲门的时候”口语交际教学偶得 …… 187
听听孩子们的意见——论孩子们的课外阅读取向 …… 191
慈善的不是钱，是心——让学生持有一颗慈善的心 …… 194
如何留驻孩子那颗心 …… 196
是鸟，总有飞翔的日子 …… 202

后记 …… 205

读写互促的理念探讨

一个教师可能在创造性地进行工作，但他并不从事那种从研究事实引出科学结论的意义上所说的研究。我们在这里所说的研究是指研究一些这样的问题，这些问题虽然在教育科学上已获得解决，但是当一个从事创造性工作的教师一旦成为理论和实践之间的中介人，这些问题就会经常以新的方式出现在他的面前。

——苏霍姆林斯基

从读写互促的角度来认识读写结合

叶圣陶老先生早就说过："阅读和写作是对等的两回事。"既然是"对等"，读和写就应该处于平等的地位才有结合可言。但是，当下人们提到这个话题的时候，常因写作教学的不尽如人意，而使其处于弱势地位。两回事是分清了，地位却有了高下。于是，对于读写结合方面的研究，要么分开先谈阅读，再谈写作，然后再谈联系；要么就是专门谈论写作，谈如何从阅读中强化写作，甚至强调以写作教学为本。这样的结果，虽然使学生的写作暂时也能有所起色，但多是治标不治本的权宜之计，并没有从根本上激活学生的言语生命，使其寻找到写作的乐趣与方法。写作的问题自然得不到根本解决。写作的问题得不到解决，按理说阅读能力应该不断提高吧。可事实上，当学生面对内涵稍深的文本的时候，解读就不得要领，理解也不得要旨，解释更是言不及义。这些问题的产生，使我们不得不对这种传统提法和做法做点反思，寻找一条双赢的结合策略，还读和写对等的地位。

2011 版的语文课程标准（以下简称新课标）在"关于写作教学"的具体建议中，我们读到了这样的文字："要重视写作教学与阅读教学、口语交际教学之间的联系，善于将读与写、说与写有机结合，相互促进。"对此建议的正确理解与实践探索，一定会对语文教学产生深入的影响。遗憾的是，在阅读教学的具体建议中，课标却并未与之呼应，提出可行有效的建议。只在"学段目标与内容"中，继续沿用着"在阅读中了解文章的表达顺序……初步领悟文章的基本表达方法”，“阅读说明性文章……了解文章的基本说明方法”的目标要求。“了解”和“初步领悟”的要求似乎考虑到了学生的可接受程度，可也容易造成教学上的浅尝辄止，甚至是点到为止。阅读教学还是阅读教学，只不过要在阅读的过程中附上点有关习作“方法”的“了解”和“感悟”的只言片语，至于“了解”“感悟”到什么程度，是否有效，就凭教师自己去了解和感悟了。不理清楚这个问题，教师的教学就会出现像课标表述时采用的方式那样的情况，使得阅读教学、习作教学、口语交际自立门户，互不关涉。虽然课标是按课程体系的构建渐次表述的，可到了实际教学层面，各种知识相互间的联系，往往会简化为“友情客串”了。

还有一个问题就是，伴随新课标的出台，教材也会做相应的改动。但，这需要时间。这就难免给使用老教材落实新课标的基层教师们带来困惑。尽管专家们会不断地阐释读写结合、说写结合的重要性，可基层教师渴望的是结合教材的实际案例，以使他们能把读写结合的意识转化为可操作的读写结合的实践，而不是貌似方法，实际上却模棱两可、难以捉摸、难以实践的不断重复的套话。

本文仅就读写互促的问题，谈一点学习收获。因为如果认识上的问题不解决，方法的提供也不能达到举一反三的功效。

学生语言文字运用能力不强，尤其是写作能力的不尽如人意，使得许多专家学者包括教师都从阅读教学开始反思。而谈论的焦点往往都是一篇文章的“内容”和“形式”孰重孰轻的问题。随着新课标对语文课程性质的界定，“语文课程是一门学习语言文字运用的综合性、实践性课程”，“形式”的问题愈发显得重要。但是，理智的学者往往会辩证地看待问题，王尚文教授一直倡导语文教学要关注言语形式：“我以为，语文之外的其他学科所教所学的是教材的言语内容，而语文学科则以教材的言语形式为教学内容；直言之，其他学科重在教材‘说什么’，语文学科则重在教材‘怎么说’，以使学生从中学习如何具体理解和运用语言文字的本领，培养读写听说等语言能力。”（倪文锦，王荣生主编，人文·语感·对话——王尚文语文教育论集，上海教育出版社，2010年8月版，第12页）我们应该意识到，这是针对目前不能将“内容”和“形式”和谐统一的不完整的语文教学而言的。因此，他又说，“任何课文无不都是内容和形式的统一体，两者密不可分，任谁都不可能从中单独取出内容或形式来。人类能够开凿一条运河把整个美洲分成南北两个部分，但我们却没有本事把一篇作品、一个文本的内容和形式分割开来，把它们变成相互游离的两个部分”。（倪文锦，王荣生主编，人文·语感·对话——王尚文语文教育论集，上海教育出版社，2010年8月版，第29页）

持写作本位观点的潘新和教授更旗帜鲜明地提出：“不能外化为表现的阅读都是浪费。”“任何不能影响、改变言语主体，不能内化为写作素养，转化、外化为写作能力的阅读，都应毫不犹豫地从教学和考试中删除。”（潘新和著，语言：表现与存在（下卷），福建人民出版社，第1222页）在这里，潘教授强调的是阅读应该着眼于学生对知识的转化、外化，也就是应该指向写作。这不是弱化阅读的作用。因为“阅读与写作的密切关系众所周知……写作能力是语文能力最高级别的能力，是语文素养的综合体现，但是，它离不开相当程度的阅读”。（潘新和主编，新课程语文教学论，人民教育出版社，第255页）

两人虽然都强调言语形式，强调写作，但是，并没有厚此薄彼，并未将阅读的作用弱化，反而强调阅读和写作的不可分割、互为补充。只是面对当前阅读教学以理解课文内容为主的情况，提出了语文学习应该着力的方向而已。

同样，杨再隋先生在《困惑中的思索——对当前语文教学中几个问题的反思》中也这样提出：“在语文教学中，只是让学生停留在体会和体验的层面上，只不过是‘读懂’课文而已，或者说，只不过达到了‘准理解’的水平。语文教学还应让学生把体会、体验的东西外化为语言文字，这就是认识、情感向口头语言、书面语言的转化，也是内容向形式的延伸，理解向表达的转化，这就是学习语言，发展语言，有利于提高学生的语文综合素养。”

南开大学文学院教授徐江曾在《人民教育》上连续发表文章，以十分激烈的方式提出了语文存在的两个基本问题——该教的教得不太好，不该教的教得又太多。在《理性　我思　致用》一文中指出：“语文教学很重要的一点就是和‘写’联系在一起，语文教学很坏的一个表现就是很少和‘写’联系在一起，仅仅是停留在‘说明’课文上……在多数课时中，讲读课文中的写作特点分析，没有成为多数学生作文的真切引导，并没有形成学生的写作示范。”他给出了明确的建议：“把‘读’和‘写’结合进来，是一个很重要的语文学习法。它的好处是，启发学生学以致用，脑子里要有这样的意识——每读一篇文章，要想一想它告诉我可以写一篇什么文章呢？这是一种自觉的学习，以写来对文本加深理解，以写实现积累，要养成这种习惯。”

可能有人会说，徐江教授的文章主要是针对中学语文教学的批判和建议，不符合小学语文教学的实际。事实上，中小学的语文教学病象有异，病因却同——该教的教得不太好，不该教的教得又太多。疗治的方法也应该是一致的。

方智范教授在《关于当前小学语文教学若干问题的思考》一文中提到，“对待阅读教学，适当留出一些空间。这是一个可以讨论的问题。其实有些课文实在没多少好分析的，老师可以把分析简化一些，而在有些实践性环节上可以设计得更充分一些。是不是可以让学生通过课文，联系生活中看到的人、事、物，来做一定的迁移？是不是可以和写作指导结合得更紧一些？这样就使学生的言语实践更充分。阅读教学的价值，有时并不在于课文有多少深刻的东西可以挖掘，而重在借助课文阅读作适当的迁移学习。”

所引这么多学者专家的言论，只不过是想澄清一个问题。想读写结合，读写互促，就不能简单地强化阅读。学生的习作能力不强，从某种程度而言，是阅读既不得法，又不迁移造成的。从研究语文，研究语文课程的层面上，“阅读和习作是对等的两回事”。但是，从教学的层面上阅读和习作应该是一个相互联系的整体。你中有我，则相互促进；分而治之，则两败俱伤。我们不能再用非此即彼的思维模式来思考和解决阅读和习作的问题。如果我们陷入了只顾写作的情况，陷入了专注“形式”时候，新的问题可能就又出现了。真理向前一步就是谬误。当我们的教改到了深层推进的时候，应该从几年前“人文性”和“工具性”左右摇摆的教训中有所警醒。当我们再提到读写结合的时候，不能顾此失彼，要从读写互促的角度来进行读写结合的设计和安排。

从读写互促的角度设计习作的片段模仿

朱熹曾说过：“古人作文作诗，都是模仿前人而作文之。”吕叔湘先生也曾说过：“语言的使用是一种技能，一种习惯，只有通过正确的模仿和反复的实践才能养成。”也就是说习作的学习，是绕不开模仿的。只是现在的语文教学要么拒绝模仿，将模仿等同于抄袭；要么只针对习作，一味从语言的形式、范式上进行模仿，而忽视了阅读对习作的影响，习作对阅读的促进作用。其实，这样的教学又走向了极端。纠缠于形式、范式的模仿，缺乏对语言形成的情境、情感的深度认同与感受，只会使模仿来的东西徒具形式，缺少内涵。当学生面临新的情境的时候，依旧是无法言传，即使言传了也言不由衷。

那么，什么是正确的模仿呢？就习作而言，模仿语言的形式是应该的，但是，这种模仿必须建立在对情境的深度经历上。美国心理学家索里和特尔福说：“如果教导学生运用所学的原则，并教他们分析新旧情境中的相似性，那么，迁移就很容易发生。”这句话我们应该这样来理解，迁移、模仿的发生，掌握原则是必要的，但不是重要的，重要的是对原有的情境要有深度的经历，才能为分析、匹配、建构新的情境奠定能联系的基础。“相似论”也同样告诉我们：一切创造，无论是自然界的创造，还是人类的创造，都是基于某种相似性而进行的。所以说，正确的模仿不能仅仅从形式开始，应该训练学生具有遇到情境马上能产生相似的敏锐的自动的感觉。这种感觉的训练，需要在阅读教学上下足功夫，让形式和内容不分彼此地在学生头脑中建立与未来情境相似的整体模块。具体到阅读教学，记叙性的文章是不是设身处地、身临其境地“经历”过，论说性的文章是不是追溯并伴随了作者思想形成的轨迹，诗词的阅读是不是跟随作者“遭遇”了产生所思所感的“此时此地”，只有到了“字字为我心中所欲言”的状态时，才深得“情境”之真髓，再次遭遇情境时，意识之中才会自动检索出哪一个情境才是相似的，已有经验也会如影随形的次第而来。

这样的训练，可以根据年段的特点，结合教材从片段仿写开始，如果在课文的教学中进行适度的片段练笔安排，就既做到了读写互促，又为整篇的习作做了准备。现提供教学中的一个案例，以求抛砖引玉。

《鸟的天堂》是人教版教材四年级上册第一组的一篇课文。本课的教学，需要考虑三个问题：

1. 本文对大榕树晨间动态的描写，被“语文园地”中“我的发现”板块用为个例，旨在揭示和指导学生边读边想象的阅读方法。但“边读边想象，就能在头脑中形成画面”这种阅读习惯或能力的形成，并非一蹴而就，需要有语言的积淀和语感的培养，如果教师能在教学中结合学生的生活经验，搜寻身边和文中相似的景象，让学生由已知想象未知，接近文字中的画面，则想象的难度降低，极容易使学生人情入境。

2. 本单元的习作是写一处景物。有顺序、突出景色的奇特之处，是习作的要求。但是，对于小学生而言，旅游景点常常时过境迁，而身边的景物特点他们又熟视无睹。如教师能将学生身边的熟悉的景物与课文的精彩片段互相映照，那么学生对课文的想象理解和习作的特点表现则可相互促进。

3. 早晨榕树间百鸟争鸣、万鸟齐飞的景象，是鸟的天堂中奇特之处，亦是教学的重点。反复诵读加以多媒体辅助似乎可以使学生如临其境、如闻其声，但是这种想象不是油然而生、自然而然的。如果教师条分缕析，将如何写形态写动态一一厘清，学生肯定觉得索然无味。其实，只要我们用心，就能发现，每所学校或社区里最常见的花坛，其间蝴蝶翻飞、蜜蜂流连的景象，虽没有晨间榕树之壮观，但也景象仿佛，足可引导学生由小见大、由此及彼，还能感受身边景象之特点。

考虑到上述问题之后，教学时我做了下列引导。

“当我们随着巴金老爷爷第二次来到鸟的天堂的时候，我们的耳朵和眼睛都有些应接不暇了。我们都想到鸟的天堂去领略享受一番。其实，在我们的周围，这种享受也能找得到，如果你用心想一想，也许在我们每天生活的学校就能寻得见。”（学生开始可能有些迷惑不解，毕竟校园面积有限，更别提如此之茂盛的大树了。）“假如我们将花坛里的花丛看作那独木成林的榕树，相信你也能听到美妙的声音，看到热闹的景象了。”

“是的，花丛里有采蜜的蜜蜂，有五颜六色的蝴蝶啊！”

“那我们就再读一读课文的这两个自然段，边读边想，如果我们准备写花坛里蜜蜂忙碌、蝴蝶翻飞的情景，有哪些词句能为我所用，哪些词句需要做些调整呢？”

再次细读，学生就会发现，只要将文中的鸟儿换成蜜蜂和蝴蝶，稍加改动个别词语，花坛里的景象就如同榕树上的景象了。词句选择的过程就是景象再现的过程。

如有学生这样仿写：

操场南侧还有几个鲜花盛开的大花坛。起初周围是静寂的。后来忽然起了蜜蜂的“嗡嗡”声，我们把手一拍，便看见一只蜜蜂飞了起来。接着看见第二只，第三只。没想到花朵上还伏着许多只蝴蝶，随着我们的掌声，花丛中就变得热闹起来了，到处能听见蜜蜂的声音，到处能看到蝴蝶的影子。大的，小的，花的，黑的，有的躲到花丛里，有的飞起来，有的在扑翅膀。

我注意地看着，眼睛应接不暇，看清了这只，又错过了那只，看见了那只，另一只又飞起来了。一只五颜六色的蝴蝶飞了起来，被我们的掌声一吓，又飞回了花丛间，竟在花朵上翩翩起舞，那舞姿真好看。

当学生的仿写结束之后，教学依旧向前推进。

“身边的小花坛里的景象经过如此描写也变得异常热闹起来，独木成林的大榕树，不知有多少只鸟在那里安然入梦，和蜜蜂的嗡嗡、蝴蝶的翻飞比起来，不知要壮观多少倍，你能通过你的朗读再现当时的热闹景象吗?”此时的朗读由于有前面对文字斟酌的基础，学生自会产生似曾相识的感觉，“边读边想象”的阅读方法在实践中得到了学习。

阅读教学到此似乎结束了。但是，读写结合、读写互促的活动可以继续进行。因为教材里读写结合的点很多，还具有连续性。完成了本次读写结合的教学之后，则可以结合前一篇课文《雅鲁藏布大峡谷》，学习对周围景观描写的顺序安排。该文首先介绍了雅鲁藏布大峡谷所处的地理位置，接着，运用数字比较的方式有力地说明了大峡谷是世界第一大峡谷的事实。然后，课文从大峡谷的雪山冰川、原始林海以及生物的多样性等方面描绘了峡谷的奇异景观。如果把美丽确定为学校的特点之一，只要将学校位置先行交代，再和周围学校比较大小，然后将仿写片段作为重点“嵌入”习作之中，就可以较好地完成对学校景色描写的习作任务了。

这样的读写结合安排，起初是着眼于阅读理解的，熟悉场景的加入，词句的选择和调换，仿写之后的朗读品味，其实就是对原有“情境”的“重新经历”。只不过，在这个过程中，读和写已经融为一体，彼此不分了。关键是学生再不会用仰视的目光来对待名家名篇《鸟的天堂》，而是觉得用如此的写法表现自己校园的特色是一件很自然很有趣的事，学生的言语表现被充分激活。这才是对学生习作能力的根本促进。

应该看到，这样的读写结合多是在中段进行，结合的是年段目标、单元训练目标和学生的生活经验。随着年级的升高，读写结合还可以从整体考虑，模仿不妨从整篇、整个单元着眼。

从整体联系的角度来安排读写结合

长期以来，语文教学的积累多是分散的、零星的，尤其是在顾虑学生负担的情况下，让学生只选择自己喜欢的段落进行背诵也成为积累的方式之一，导致学生虽有一定的储备，可由于缺乏整体背景的支撑，使得积累面对“相似情境”时，经验的“周转”不能从容应对。积累如此，在运用的模仿上，仅设计片段的练习，不兼顾连续性，也不利于学生对篇章的整体学习。因此，读写结合的安排，在经历了片段仿写之后，也可以从整体上进行设计。

整体设计包括的内容较多，本文侧重谈两个方面，一个是立足于篇章整体的读写结合，一个是立足于单元整体的读写结合。

小学教材里有些课文，无论是在内容理解方面还是在表达方式的学习方面，用成人的眼光考量，似乎很容易。但是，从小学生的角度看，应该有一定难度。因为文本表达具有一定的隐蔽性。这样的课文，如果从整体上安排读写结合，无论是学生的理解还是表达，均可以收到较理想的效果。

人教版教材四年级上册《搭石》一文的教学，既要让学生从乡亲们摆搭石、走搭石的情景中，体会到人性美，还要让他们学习作者从不起眼的事物中发现美、感受美的品质。课后还安排了这样的小练笔：作者从不起眼的事物中发现了美，对我很有启发。我也想写一写平凡事物中的“美”。所以，如果教学不得法的话，只是让学生漫无目的地发现并写出“美”，结果是学生不能将搭石和人们联系起来，写出的“美”不是捡钱包，就是扶盲人，结尾再来上几句无病呻吟的空话、套话。

当我备课时，也曾为寻找读写结合点做过一番思考。当我踏上连接学校和小区的二十个台阶的时候，忽然找到了这种“似曾相识”的感觉。

学习课文进行交流汇报的时候，我就引入了学校西北角的石阶。当学生读完第一段，理出了课文交代了搭石产生的原因及什么是搭石之后，我便提到了师生每天必须经过的石阶，让学生说说为什么要修石阶，石阶的样子和特点，当时学生还未感觉到这里有什么特殊的含义。

当进入“摆搭石”和“过搭石”内容学习的时候，再次提到石阶，学生感觉石阶是修好固定的，根本用不着再去“摆”了。当提到每天清扫的清洁工及雪天经过的老人们时，学生似有所悟，感觉到课文不仅是写物的，更是写人的，而且是写人的心灵美的。于是，对“无论”“只要”“一定”几个词语的朗读似乎有了“温度”，而且蓦然“发现”，那每天都要见到的清洁工和雪天经过的老人同样和课文中的人物具有美的心灵。

后面的教学则有些“顺序颠倒”，先仿照课文说说人们怎样过石阶，然后回过头来再读课文中的人们怎样“过搭石”。“运用”之后的“理解”显得轻车熟路，于是，学生便形成了这样的习作。

石　阶

在小区通往学校的路上，有几层条石铺成的台阶。每年春天，物业公司的叔叔早早地将石阶修好，以便人们行走。石阶分左右两排，每排由两米长的条石铺就，两排石阶中间还夹着一道宽约一米的斜坡，是供自行车上下通过的。

石阶，构成了小区的一道风景。秋凉以后，清洁工早早地将石阶的落叶打扫干净。如果别的石阶都是干净的，唯独这一处是脏的，人们会谴责这里的人懒惰。上了点年岁的人，只要发现石阶脏了，一定会放下手中的东西，把石阶打扫干净，直到满意才肯离去。

石阶，原本就是人造石块，踩上去不会活动。但是，人们走石阶不能抢路，也不能突然止步。如果前面的人突然止步，后面的人没处落脚，就会摔倒。每当上学、放学，一行人走石阶的时候，动作是那么协调有序，前面的抬起脚来，后面的紧跟上去，踏踏的声音，像轻快的音乐；阳光照耀，人影绰绰，给你画一般的美感。

经常走石阶的人，大概都见过这样的情景：如果有两个人面对面同时走到石阶，总会在第一层石阶前止步，招手示意，让对方先走，等对方过了石阶，两人再说上几句家常话，才相背而行。假如遇上老人来走石阶，年青人总要扶住老人的胳膊，慢慢地送上石阶。人们把这看成理所当然的事。

一排排石阶，任人走，任人踏，它们联结着小区外面的世界，也联结着人们美好的情感。

几乎每一篇优秀作品都存在这样被学习、被仿效的可能性。如果在阅读的过程中，融入“相似的情境”去相互比对，学生发现了隐藏其中的秘密，而一旦豁然开朗，就能在自己的头脑中留下鲜活深刻的完整印痕，无论是形式或是内容均可以成为自己的已有经验。

被选进语文教材里的文章，客观上都有两种价值，一种是它们“所传播的信息”的价值，一种是它们“如何传播信息”的价值。也就是王荣生教授所说的，教材中有些课文，“是构成文学、文化素养现实所指的经典作品，它们确实是语文课程与教学的内容，而且是极为重要的内容”；而有些课文，“主要把它们当作听说读写的知识、技能、方法、策略、态度学习的例文或样本”，“是利用文中所涉及的事物引导学生从事与之相关的听说读写实践活动的”。所以当我面对常识性的说明文的时候，结合课文本身的特点，将有些文本的功能定位于后者，作为学生学习表达方法的“例文或样本”，设计适合学生的融合听说读写、有思维容量与思维深度的综合性语文实践活动。如教学人教版教材四年级上册《电脑住宅》一文时，在学生自读理清表达顺序和各部分的特点之后，我创设情境，让学生仿照课文进行“电脑教室”的设计，同样收到了理解和表达双赢的功效。限于篇幅，只截取一个片段：

走进教室，里面的桌椅怎么不见了？原来，桌椅都受电脑控制，每位学生离去时会自动折叠消毒保存，第二天学生来到自己的位置时，桌椅会自动恢复原状。

每个学生的桌上都有一台微型的多功能电脑，里面存储着课本内容及相关资料。每位学生自学遇到困难的时候，只要输入相关的文字，“电脑老师”马上会帮你解决疑难。当然，电脑还有自动检测的功能，如果哪一位学生的作业马虎潦草，电脑马上会发出“重作”的指令。

面对甲型 H1N1 流感，学校高度警惕。每个班级里的门框内都嵌有消毒装置，与班级的主电脑连接。当你早上迈入班级门口的一瞬间，装置已经对你彻底消毒，而且红外线对你进行了扫描，存入了你的影像，避免了重复消毒。老师和学生的电脑还有自动检测体温的功能，每天你只要来到座位前，电脑会自动检测你的体温并发送到校医室的电脑上，如果你刚刚发烧，药品会自动传送到你的课桌上，电脑会提醒你如何服用。如果你感冒严重，电脑会发出红色预警，相关信息会自动传送到医院，你进入医院可以直接治疗，免去重复检查的麻烦。

除了辅助学习的电脑之外，其他电脑都在“暗处”，电脑既各司其职又分工合作，给我们提供一个舒适便捷的学习与生活环境。

我们常常谈及单元整体教学，希望将单元里每篇课文的教学优化，并通过相互联系及整合，达到单元教学的功能最大化。读写结合也能担当此任。

人教版三年级下册第二组课文是以环保主题结篇的。《翠鸟》《燕子专列》《一个小村庄的故事》《路旁的橡树》四篇课文从不同的角度、不同的侧面，以具体生动的实例引导学生去感受保护环境的重要性以及人们为保护环境所做出的努力，使学生在内心深处、在情感态度价值观层面有所触动和感悟，这是我们以往备课时所考虑的内容。事实上，我们（由语言文字到思想内容）还应该通过学文的过程，使学生体会同一主题的不同表达方式，根据文体特点，兼顾内容联系，结合习作训练，寻找较为合宜的读写结合点（从思想内容回到语言文字）。

可以做如下设计：

一、《翠鸟》和《燕子》（人教版教材三年级下册）写法的比对

在学习《翠鸟》之后，可以和《燕子》一文进行联系，在写法上进行比对。将两个比对的问题呈现给学生，让学生说一说，探究一下原因，为以后的写作提供一点理性的认识。

羽毛的比对：

燕子：黑白两色，主色乌黑——报春使者、活泼灵活

翠鸟：羽毛鲜艳，头部、背部、腹部各不相同——颜色鲜艳、小巧玲珑

部位特点的比对：

燕子：翅膀俊俏、尾似剪刀——速度疾快、轻沾水面

翠鸟：眼睛锐利、嘴尖且长——贴水疾飞、准稳叼鱼

学生通过比较总结就能体会到，作者同是表达喜爱的情感，但所表达的角度不同；由于鸟的生活习性及活动特点不一，所以着眼点也不同。比较两篇课文的写法特点，试着仿写一段或一篇以鸟类为主题的习作。

二、以小燕子的身份，给贝蒂写一封感谢信，表达燕子的真诚感激。学生产生了下列的习作：

给贝蒂的一封信

亲爱的贝蒂姐姐：

您好！

谢谢您！是您在我被风雪吹打的时候，在我们被风雪截断食源的时候，雪中送炭，给了我们第二次生命。现在我还清楚地记着，因为长途飞行又冷又饿，我们找了好久连一只虫子也没有找到，饥寒交迫，所以从天空掉下来了。我在雪中已经冻僵了。过了一会儿，您跑过来，开始我还以为是来抓我的，就拼命挣扎，可是浑身一点力气也没有，只好绝

望地等着就擒了。谁知您过来跪在地上，把我捧在手里，凑近您的嘴巴，用口中的热气为我取暖。我看见您虽然穿着红棉袄，围着浅绿的围巾，可是您也被冻得直哆嗦，手冻得僵硬，脸冻得通红。

当我们被送上火车时，我们七嘴八舌地嚷嚷着。有的说是被老大爷救的，有的说是被老奶奶救的。而我说是被您救的。我在这里衷心地祝福你们全家快乐，事事顺心。也替朋友谢谢那些帮助过我们的老大爷和老奶奶。

被您救过的小燕子

这样的安排，是因为本文对贝蒂救助小燕子的过程描写得非常细致，代替小燕子给她写信，不只是情感的体会，更是在落实“体会课文中关键词句表达情意的作用”的学段目标。

三、《一个小村庄的故事》（人教版教材三年级下册）和《路旁的橡树》（人教版教材三年级下册）的联系

针对两篇课文语言朴实、含意深刻的特点，对《路旁的橡树》的学习接近尾声之后，我安排了两个口语交际和习作的训练内容。

1.“幸免于难的村民”

情境创设：洪水咆哮着冲走了小村庄的一切，但是也有几个人幸免于难，他们从洪流中狼狈地爬上了岸，他们会说些什么？

2.“公路修到小村庄”

学完《路旁的橡树》，创设了如下情境：公路在朝前延伸，终于修到了小村庄，这一天工程师和工人正准备开工，忽然看到几个逃难的年轻人，正是那场洪水中幸免于难的，他们急忙迎上来，关切地询问起来……

两个情境的创设，目的在于转化学生对文本的理解，将朴实语言后面的“无言之美”揭示出来，使学生的知识能力、情感态度与价值观产生新的综合，也使单元教材之间，口语交际与习作之间都进行有效对接。

这样从整体上安排读写结合，强化的是篇章、单元的整体，收到了

教学的整体大于局部之和的效能。更应该看到，这样的安排，不是对表达范式的复制，而是领会主旨、深入情境之后的仿中有创。读写不但得到了统一，而且互动互促。如果想继续深化读写互促、读写结合，就要在此基础上，根据不同文体的特点，立足于促进学生言语表现的兴趣来进行读写结合点的深度挖掘。

挖掘文本中的读写互促“因子”（一）

“语文是实践性很强的课程。”可目前的语文学习主要是围绕着教材进行。教材在编写时考虑到了读写结合的问题，从中年级开始，每册教材均安排了4篇小练笔，并且对安排的用意进行了说明：“这样的安排，不仅可以使学生及时把在阅读中学到的表达方法自然迁移到习作中，更能使动笔成为学习的一种常态，成为学生的一个习惯。当然，教师在教学时不必完全拘泥于教材上的练笔安排，可以根据课文的内容及教学时间，随时安排学生进行练笔。”（义务教育课程标准实验教科书语文（六年级上册）教师教学用书，人民教育出版社，第15页）这段话虽只是对小练笔安排的说明和操作的建议，但落到实处实属不易。因为动笔成为“常态”、成为“习惯”非一日之功，仅有“及时”“随时”的安排显然不够，关键是要充分挖掘教材中读写互促的“因子”，使读和写的迁移安排自然、有效。否则学生的动笔兴趣不得激发，仅在数量上重复累积，事倍功半，难具实效。面对语文教材体裁的多样，内容的深浅不一，学生的实际经验有差异的情况，如何使阅读与习作有效结合，如何挖掘教材中的读写互促“因子”，并“及时”“自然”地迁移及运用，成为困扰语文教师的难题。本文试按教材的不同体裁，结合部分篇目的教学实例，谈几点自己的思考及做法。

一、故地重游，倾情对话

——寓言、童话、古诗的练笔设计

各种版本的教材都安排一定数量的寓言，这类文章常常带有讽刺和劝诫的性质，所以，从作者写作的意图去考虑，他们希望达到的效果是“一语惊醒梦中人”。可是如何道破天机呢？读后做一番劝导给一番点评不失为一种选择（这也是课后问题经常采用的方式），但是，这种“劝导”“点评”往往给人的感觉是第三者的关照、是局外人的旁观，有隔靴搔痒之嫌。如果根据每篇教材安排两到三篇寓言的实际，适当创设情境，通过角色认同与转换，以相互询问，或相互埋怨，或相互指责，或各自懊悔来组织一番对话，利用“小练笔”的形式结合课文相关语句，铺展学生各自的心路历程，引导他们在感性的经历中追寻理性，则事半功倍。

如教学寓言《揠苗助长》和《守株待兔》（人教版教材二年级下册），尽管文中人物国度不同，时代不一，但是，并不影响他们的倾情对话。

寓言内容理解之后，教师可做如下引导：

那个待兔人又白白地等了一天，看到太阳要下山了，他只好垂头丧气地往家走，路上遇到了正在田埂边蹲着落泪的拔苗助长的农夫，于是他便走了过去……

“知音”相遇，互诉衷肠。也许只有“他们”自己懂得“巴望”“焦急”的滋味，懂得见到禾苗长了一截的快乐，也许只有“他们”才能“振振有词”地说清“守株”的重要。同是天涯沦落人，能不相互安慰吗？种田人也许知道兔子撞树纯属偶然，待兔人也许知道助长绝不能靠拔苗，他们都拍着自己的脑袋自我抱怨的时候，那藏在寓所里的“寓公”自会悄然登场。

正常人站在自家的立场上“审时度势”，常常执迷不悟、固执己见，但冷眼旁观时却异常清醒，奉劝时也会振振有词。寓言里的人物更会如此，利用这一特点，每篇寓言都可以引导学生进行上述的“倾情对话”。

同样，教材的一课也会安排两三首古诗（词），利用这种编排上的特点，教师也可以安排小练笔，实现阅读和习作的有效对接。

我们知道，古诗的教学，疏通了诗意，领悟了诗情，只是实现了从“形”的感知到“情”的体悟，从“意”的揣摩到“境”的沉浸。小练笔的悄然登场，不但把凝练的诗句还原为情景交融的画面，还可以使情趣和意象相互统一，形成更有效的对话。

下面是教学《山行》和《枫桥夜泊》时的一个片段：

师：同学们，我们刚刚通过诵读古诗体会到了两位诗人的不同情感，现在我们再来看一看课文的插图，能不能想象一下诗人作诗时的所见所想呢？老师先来个开头，请你们接着往下讲好吗？

秋日的一个下午，唐朝的大诗人杜牧在书房里读书，忽然来了闲情逸致，于是他叫书童备车，要到郊外的山上去走一走……

唐朝的另一位诗人张继，他已经在旅途中耽搁好久了，怎能不想念家中的妻儿老小，可没想到在路上遇到了……

这是学生说后的“小练笔”片段：

山中偶遇

有一天，杜牧在家读书时间久了，感觉头昏眼花，就叫书童驾车带他去离家不远的山中赏玩。山中风景迷人，虽然天色已晚，他还是舍不得离开。正在流连之际，忽然看到了从远方风尘仆仆赶回来的张继，杜牧问：“你前些天去哪儿了？我正找你呢。”张继说：“我去了趟苏州，住了很多天，每当到了夜晚，乌鸦在落了叶的树枝上凄凉地鸣叫，月亮慢慢地落下枝头，渔人点燃一盏灯火的时候，我就非常思念家乡，心里很愁闷，特别是听到城外寒山寺半夜响起的钟声，我就更难以入眠了。”“对了，你去哪儿了？”张继见到停在杜牧身边的车子，也好奇地问。“啊，我在家里读书久了，就让书童带我来到了这座山下，这座山上有一条弯弯曲曲的小路向上伸展，白云飘浮的地方还有几户人家，我特别喜欢那里的风景，枫叶真是美极了。于是我作了一首诗，请你指教：

山行

远山寒山石径斜，白云生处有人家。

停车坐爱枫林晚，霜叶红于二月花。

张继听了拍手称快："霜叶红于二月花，真美啊！我也看到了枫树，可不是这个样子，你听一听。"

枫桥夜泊

月落乌啼霜满天，江枫渔火对愁眠。

姑苏城处寒山寺，夜半钟声到客船。

杜牧听了之后，点点头说："那是你太想念家乡了！明天我们一同到这里来，你再看一看这里的枫叶。"张继听了也点点头。

两人说着笑着手挽着手登上了回家的马车。

"想象《秋思》中描绘的画面，把《秋思》改写成一个小故事。"这是人教版教材五年级上册教材中《古诗词三首》的课后练笔要求，涉及宋朝的王安石、唐朝的张籍、清代的纳兰性德，何不假设其中的两位甚至三位诗人偶然相遇，相互倾诉所见所感呢？这样，不仅仅是描摹景物、抒发情感的任务领受，情境的驱动也可以使学生渐入"一切景语皆情语"（王国维）的和谐共生的审美境界。类似这样的古诗词教学都可以做如此尝试。

根据小学生的特点，教材会安排相当篇幅的童话。有些童话里的人物在事件中要经历错误的想法或做法，虽然事后常常"脸红了"，但为了使小学生更进一步地明理或悟情，教师常常会安排他们现场对话，"正确"地评点一番对方和自己的言行，说教式的空洞语言无意中便形成了。如何使读与写、理解与运用自然地"迁移"呢？

"沙漠旅行结束了，小骆驼又见到了那匹小红马，他会怎么说，怎么做？"（苏教版教材三年级下册《我应该感到自豪才对》）这是教材中常见到的"小练笔"的形式。这类练笔为了深化课文主旨，常常顺延课文思路，但是学生往往言不由衷。就本话题而言，如果以刚刚经历风暴的小骆驼的身份去对小红马言说，极有可能将自豪之情演变为炫耀之感。遇到这样的课后问题，我常做一些小小的变通，利用阅读“余味正浓”的情境性和即时性，安排文中人物再来一次“故地重游”。只是回头再见到的并不是“明日黄花”，而是“蓦然回首，那人却在灯火阑珊处”的豁然开朗。

这是引导的过程：

师：只在沙漠走了一回，小骆驼就收获了自豪，老师也想读一读。“第二天，小红马跟着小骆驼走进了茫茫的大沙漠……”

生：老师，您读错了，应该是小骆驼跟着妈妈………

师：我是读错了，同学们想一想，调皮可爱的小红马会不会真的跟着小骆驼来一次沙漠旅行呢？

生：会的，什么事情都可能发生。

师：现在你再读一遍课文，然后想一想：如果小红马真的跟着小骆驼来到沙漠，会发生什么样的事情？我们每个人都会再从课文内容中受到启示，请拿起笔来把他们再入沙漠的过程写出来吧，写完之后我们再交流好吗？

……

学生的小练笔收上来之后，我感到很满意。一是学生能仿照课文叙述的过程将小红马走进沙漠之后黄沙陷腿入鼻、饥饿难耐、筋疲力尽的动作与神态写得形象生动，对话的过程换成了小红马对小骆驼“难看”的外貌的羡慕。一个学生这样结尾：小红马默默地想：如果我也有小骆驼那样的驼峰、又大又厚的脚掌、两层眼睫毛，该有多好啊！与课文有异曲同工之妙。

这个小练笔的教学过程，是活用课文的语言在“茫茫的沙漠”又走了一遍。和原文的第一遍有所不同的是，角色发生了转换，小骆驼不但有自我体验成功的过程，还有享受来自于小红马的感谢、羡慕所带来的愉快、自豪的过程，这种自豪感是个内外交汇的过程，是学生、作者、教材对话深入的过程。更主要的是，这个教学过程不是从知到行的纯粹模仿，而是仿中有创，是学生学习并自主运用语言的过程。

同样，《小木偶的故事》中的小木偶，《小柳树和小枣树》中的小柳树都可以“故地重游”，甚至还可以安排《狮子和鹿》中的小鹿“现身说法”劝说《陶罐和铁罐》中自以为是的铁罐呢！

这里所指的“故地重游”“倾情对话”，是有效利用诗文本身的文字和人物来还原一番当时的情境。学生用笔经历了还原的过程后，由体验到自我观照，完成了诗文意义的建构。回顾了阅读的过程，追溯了作者的心路历程，实现了“工具和人文的双向互动”。学生通过这个过程，理解、想象、表达等能力均得到了提高。

挖掘文本中的读写互促"因子"(二)

前面的文章涉及了立足教材所进行的片段仿写、整体仿写，这是读写互促、读写结合的初步训练。古诗、寓言、童话类的文本，由于篇幅的安排和自身的特点，它们读写互促、读写结合的点容易寻找，易于操作。比较而言，小学教材里，写人叙事的文章比较多，讲这方面做法的也较多，如"于教材简略处拓展""于课文重点处拓展""于情感升华处拓展"等。应该说这些做法是可以学习借鉴的，但其聚焦点往往还是主要人物或是主要事件。本文从另外一个角度尝试突破，也许能丰富读写互促、读写结合的做法。

二、 弱者言说， 文本颠覆

——记叙性文本的练笔设计

写人记事的文章是教材里选入最多的，文质兼美的特点也最突出。文质兼美的文章往往运用留白艺术。1932年，海明威在他的纪实性作品《午后之死》中，第一次把文学创作比作漂浮在大洋上的冰山，他说："冰山运动之雄伟壮观，是因为它只有八分之一在水面上。"文学作品中，文字和形象是所谓的"八分之一"，而情感和思想是所谓的"八分之七"。前两者是具体可见的，后两者是寓于前两者之中的。明白了个中道理，就会发觉此类文体的小练笔是"广阔天地，大有作为"，那就是用“另一只眼睛”去发现那文字背后的意蕴，即追溯那“文字和形象”背后的“情感和思想”。需要注意的是，我们在指导学生阅读的时候，眼光常常会聚焦在主要人物的言行上，而小练笔时不妨进行焦点转移。

1. 给次要人物一个表现的平台

次要人物的衬托作用有“正衬”和“反衬”之分，但不论是哪个角度的安排都是为了突出表现主要人物的特点。明确了这一写作手法，就可以利用“反面人物”做“正面文章”，或利用“次要人物”做“主要文章”。

人教版教材四年级下册《夜莺的歌声》一文塑造的是苏联卫国战争中少年小夜莺机智勇敢的形象。教学中抓住小夜莺的言行朗读品味，那么，小夜莺顽皮可爱、机智勇敢的形象自然会呼之欲出。但是，这种“水面”形象的鲜活立体，依托的恰恰是那群狡诈阴险的德国鬼子。教学时，只要教师创设情境：假如 32 个鬼子当中有一个侥幸逃脱，他回去后，会怎样向他的上司汇报他们被“骗”的经过呢？请以《啊，我们上当了》写一写德国鬼子的回忆及后面可能发生的事情。德国鬼子的愧悔自述不但会使小夜莺机智勇敢的形象更加丰满立体，如何塑造人物也在情趣中得以实践。

附：学生习作

啊，我们上当了

被小夜莺戏弄的德国兵全都懵懵懂懂地进入了游击队员的埋伏圈。激战之后，谁知还有一个鬼子侥幸逃脱，他带着伤跌跌撞撞地来见他的上司。

上司见只有他一个回来，还带着伤，惊讶地问：“怎么回事？”“别的人呢？”逃兵战战兢兢地说：“我们都被那里的一个小孩子戏弄了，那些弟兄们全都不明不白地死了。”“你在说什么？一个小孩子怎么能戏弄得了你们，你快给我说清楚，否则你的脑袋也得搬家。”上司疑惑不解地问。逃兵赶紧一五一十地说了事情的经过，并且愤愤地骂着：“什么他会吹口哨呀，那纯粹是吸引我们的工具。什么刚一开火，村子就着火了，大家都喊：‘野兽来了，野兽来了——就都跑了’。当时以为这个孩子在胡言乱语，现在才明白，敢情那个小兔崽子绕着弯把我们给骂了。”“我们队长在跟着他走的时候，也曾试探过他，突然问他那里有没有游击队，想看看他脸色如何，谁知他竟不慌不忙，给我们说了一大堆蘑菇，真是气死我们了。”“你们的枪呢？你的枪是吃素的？”上司睁大了眼睛。逃兵赶紧解释：“刚进树林，我们听到了一声口哨，感觉不对，长官掏枪的功夫，那个小孩子突然站住，转了个身，钻到树林里就不见了。现在想起来，那个小孩子太可怕了。”

“蠢东西，蠢东西，你们全是蠢东西，连个小孩子都能骗过你们，留着你何用，快拉出去，枪毙。”这个侥幸跑回去的家伙也没留下自己的性命。

因为有具体的情境导引，学生对人物语言动作的描写再不用指点，自会血肉丰满、妙趣横生。同时，更应该看到，通过对“水下”人物言行的发掘，水面上的“形象和文字”更鲜活立体了。用心留意，课文中这样的想要“言说”的“次要人物”不是很多吗？

2. 给受益者或受害者一个倾诉的机会

教材的改编是紧随时代脉搏的。为了使学生懂得自然规律，增强环保意识，各类版本的教材都安排了以“自然”“环保”为主题的课文。《自然之道》（人教版教材四年级下册）就是通过写“我”和同伴强迫向导把一只被嘲鸫叼啄的小幼龟抱到海边，导致成群幼龟成为食肉鸟的口中食，让我们感慨愧悔的事情。如何通过对课文的学习，使自然之道真正深入人心呢？“游客”及“导游”的醒悟懊悔，也可以揭示文章的主旨，但是容易使学生重复几句空洞的标签式的环保口号。如果在教学接近尾声时，出示两幅图片，营造一个适宜的情境，给幸免于难的小幼龟们一个交流的平台，就可使读和写相互促进。

师：先入海的小海龟为什么还回头看。它在想什么？后入海的小海龟怎样责怪先入海的小海龟，他们之间会发生什么事？有什么对话？请以《入海后的小绿龟们》为题想象后面发生的事情。

这是学生当堂用不到10分钟的时间完成的“小练笔”。

龟群的“侦察兵”到了海里，高兴地简直要跳起来，他转回头，刚想对伙伴们说：“我们终于到家了。”可是一个“人”影也没有看到。他这才知道，是自己给伙伴们传达了一个错误信息。现在伙伴们肯定凶多吉少了。他只有扭转头，暗暗祈祷。这时小绿龟们陆续来了。他们一个个横眉怒目，将“侦察兵”围个水泄不通，指责他、抱怨他。侦察兵一脸委屈，他难过地说：“不要恨我，我是被一个怪物扔到大海里的，当时，有一只鸟正在啄我，我知道外面危险，正想通知大家，没想到那个怪物走了过来，什么也没说，就把我放在他的帽子里，扔进了大海，我也想返回去，可是看到你们都随着我出来了。”“什么怪物，他虽然救了你，却坑了我们大家，他怎么不懂我们的生存之道啊。”……

同样，学完人教版教材四年级下册《大自然的启示》一文，也可以让学生以“受益的害虫们”的身份，给不谙自然之道的林务官写一封感谢信，“真诚”感谢他不谙自然之道，铲除杂草，砍光灌木，却给自己“造福”的“伟大”决定。

“受害者”或是“受益者”的倾诉，既是对课文内容及形式的重温，更是对人类做法由感性到理性的审视、评判。这种读写互促、读写结合。更具时代性、针对性和实效性。

3. 逆向思维“颠覆”文本

常常有这样的课文，或是由于主人公境界高尚，所为超越常规，或是由于作者为了刻意表现人物之特点而采用超乎寻常的表现手法，当学生读过之后，限于自己的前经验，很容易产生匪夷所思的感觉，他们常常质疑文本的真实性。其实，如果学生的这种质疑得到合理保护，“顺延”他们的思维，允许他们发表自己的不同见解，不但是对学生个性的保护，也是一种有效的教学资源。

教学“诚信篇”人教版教材四年级下册《中彩那天》的时候，常常会有学生读过之后，发出“这是真的吗?”的质疑。其实，顺应学生的质疑，读写互促的“因子”就会弥漫开来。

“假如按有些同学的想法，爸爸把这辆车真的留了下来，并且第二天开到了公司，请你想象一下，他会遇到哪些事情？他的内心会平静吗？请你以《中彩之后》为题，想象后面发生的事情……”

于是，父亲的心神不宁，对同事的疑神疑鬼，工作的错误百出，可能失去老板的“器重”、同事的信任，最后连工作都失去了。这不是恰好从反面验证了诚信的潜在价值了吗？一位学生这样写道：

爸爸在我们的哭闹纠缠下留下了汽车，我们非常高兴，但看不出爸爸有一丝喜悦，他一声不出。

今天是星期一，我多么希望父亲用车送我上学，父亲仿佛看出了我的心意，无奈地拿起车钥匙，我紧跟着父亲跑了出去，车子在行驶，父亲只是注视着前方，看都没看我一眼。车子开到了学校，同学们有些羡慕地向我祝贺，争着问这问那，父亲看了像避难一样发动了汽车飞快地走了。

晚上，父亲闷闷不乐地回到了家中，只简单地吃了口饭，母亲劝父亲再多吃一点儿，可父亲摇摇头，莫名其妙地冒出来一句：“省点粮食吧！”说完，就离开了餐桌，不一会儿，卧室里就传来了父亲长长的叹息声……

同样，教学《你必须把这条鱼放掉》时也可以如此设计练笔。

这些反面或次要人物的“恍然大悟”，受益者或受害者的“真诚感谢”“强烈谴责”，文本事件原貌的“颠覆”，其实都是以文本为依托，唤醒学生用笔说话的愿望，遵从儿童心理发展特点，让他们靠想象那“八分之七”去填补对客观事物认识的空白，也靠想象去接近自己和客观事物的距离。这样的练笔安排对于阅读教学而言，过程是不是更完整了呢？

挖掘文本中的读写互促“因子”（三）

说明文是以说明为主要表达方式的文章。了解“事物的特征、本质及规律”自然是理解的关键，学习其表达方法也是目标之一，尽管有的说明文是以科学小品文的形式呈现的。对这类文体的“小练笔”的安排，除了进行适当的仿写之外，（如前文中对《电脑住宅》的仿写）依据文字呈现出来的结果，逆推或追溯结果之因，不但生动有趣，更主要的是对学生思维条理性、科学性的一种培养，不失为一种读写双促的好形式。

三、由果溯因，转换仿练

——说明文的练笔设计

人教版教材四年级下册《蝙蝠和雷达》一文，写了科学家模仿蝙蝠探路的方法发明雷达的故事。尽管课文清楚地介绍了雷达探路的原理，可是让每个学生将雷达的各个部分和蝙蝠的身体部位清晰地建立联系，并不是一件容易的事情。更主要的是，让学生对科学家们发现问题、解决问题的思考过程通过文字有所体会，恐怕很难。此时，如果让学生以科学家的身份，来思考怎样保证飞机安全夜航呢？学生将会再次回顾教材，使二者之间建立有机的联系。

这是学生练笔开头的一段话：

科学家为保证飞机夜航的安全冥思苦想，晚上散步也在思考着问题，忽然，他听到蝙蝠的叫声，对了，蝙蝠不但能在夜间安全飞行，而且还能捕食呢，它凭借的是嘴和耳朵，如果飞机也有这样的“嘴”和“耳朵”，是不是也能安全飞行呢？

蝙蝠用嘴发出超声波，那用什么代替这种超声波呢？天线发出的无线电波可不可以呢？于是，他又匆匆赶回了实验室……

同样，教学《狼和鹿》（苏教版教材三年级下册），《蛇与庄稼》（沪教版教材五年级上册），《新型玻璃》（人教版教材五年级上册）这样的课文，都可以让学生设身处地地以文中人物的身份去思考，这种做法不但能使学生更深刻地理解课文，而且能更好地培养学生的思维品质。

苏教版教材三年级下册《海底世界》是一篇关于海洋的常识性课文。文章介绍的虽然是有关海洋的知识，但语言生动活泼，其中所用的打比方、作比较的句子贴近儿童的生活实际，易于理解，便于积累。如课文的第二节是这样写的：

当海面上波涛汹涌的时候，海底依然是宁静的。那么，海底是否一点儿声音没有呢？也不是。海底动物常常在窃窃私语，只是我们听不到而已。如果你用上特制的水中听音器，就能听到各种各样的声音：有的像蜜蜂一样嗡嗡，有的像小鸟一样啾啾，有的像小狗一样汪汪，有的像人在打呼噜……它们吃东西的时候发出一种声音，行进的时候发出另一种声音，遇到危险的时候还会发出各种警报。

既然海底有灵动的生命，他们可能也同样对另外的世界充满了渴望。何不再次牵动生命的线索，仿照课文的言语形式将生命的对话展开呢？作者为了使读者对海底世界有形象真切的了解，所用比喻均选用了我们人类熟悉的事物。从内容到形式，我们不妨做这样的导引：

“通过读文我们对海底世界有了真切的了解，知道那是个生命涌动的世界，不同的声音是因为不同的公民们在做着不同的事情，表达着不同的乐趣。海底世界的公民也想与我们交流。他们也想听听我们这个世界上发出的各种各样的声音。想不想将我们的世界上奇妙的声音与他们分享呢?”

这样，自然会激起孩子们强烈的表达欲望。

“如果你给海底的鱼儿写一封信，把我们周围的声音与他们分享，你能用‘有的像蜜蜂一样嗡嗡’这样的打比方的句子吗?”提出这样的要求可以使学生在比喻句的仿写上考虑到目的性和对象性。

这是学生的小练笔：

鱼儿，你可知道大海边宽广的陆地是什么样的吗?

当海面汹涌澎湃时，陆地上依然是宁静的。那么，陆地上是否没有一点儿声音呢? 当然不是。人们有时窃窃私语，有时谈笑风生，只是声音传不了那么远，你们听不到而已。假如你们能到岸上做客，就能听到各种各样的声音：有的像鲸鱼呼吸的轰轰声，那是在打雷；有的像海藻一样发出哗哗声，那是在下雨……人们跑步时发出啪啪声，叫喊时发出哇哇声，大笑时发出哈哈声。

这种仿练不是一般意义上的模仿，是对文本语言运用规律整体掌握基础上的进一步迁移运用。在这种迁移中，学生感悟到的写作技巧在实践中得到了内化，成为自己认知结构的一部分，有效地促进了积累与运用的即时转换。

四、“稀释”精华，追溯情感
——现代诗歌的练笔设计

诗歌语言凝练，情趣生动。除了教材选用之外，新教育实验的晨诵课程更是以此为主。一些教材还对表达有规律的儿童诗安排仿写训练。在诗歌教学方面，如果我们不仅仅局限于以诗仿诗的固有模式，也参照古诗教学的诗改文的做法，那么，对学生对诗意的理解，想象力的培养，表达的训练，将是一个更好的选择。对于情感浓烈的现代诗的教学，只要引导学生抓住浓缩情感的关键词语，追溯情感产生之源，还原情感产生的场景，读写互促的“因子”会将浓缩的情感有效融解并释放。

《听听，秋的声音》是一首现代诗。诗中描绘了秋天到来之时，自然界里的动物、植物分别的场景。文中有这样的诗句。

“刷刷”，

是黄叶道别的话音。

……

“曜曜”，

是和阳台告别的歌韵。

……

那看似纯粹的描摹声音的“刷刷”“曜曜”的词汇中该浓缩了多少情真意切、依依惜别的场面啊！该精华了多少感人肺腑、相互珍重的话语啊！何不引导学生先想象动植物之间相互眷恋、和谐共处的美好时光和相互珍重道别的话语，然后透过话语、置身场面去感受体味，体验“秋天独特的风情”呢？

这是我教学时的一个片段：

师：“刷刷”到底是谁发出的声音？

生：大树。

生：树叶。

师：请你们从文中找一找依据。

生：“是黄叶道别的话音。”

师：春暖花开的时节，小叶子在大树妈妈的怀抱中崭露头角，伴着和风细雨她们朝夕相处，其乐融融，而今，秋的脚步近了，她们就要分手了，分别之际，她们会说些什么呢？

生：叶子对大树说：“大树，我要谢谢你，从春到夏，我是喝着你的乳汁长大的，现在我要离开你了，你要保重。”

生：叶子说：“大树，我不管是飘到天涯海角，还是落在你的身边，我不会忘记你的，明年，我会回到你的身边的。”

生：大树伤心地说："你不要这么说，春天，是你为我汲取营养，夏天，是你为我遮风挡雨，我真舍不得你走啊！"

生：大雁追上白云说："白云姑娘，我该怎么感谢你啊！多少次，当猎人的弓箭瞄准我的时候，是你把我藏了起来……"

师：我深深地被你这善意而又神奇的想象力所折服，我的眼前仿佛出现了白云姑娘洁白的裙带轻轻地一掩，瑟瑟发抖的小鸟在那婀娜的裙摆下流露出的目光是感激的、惊奇的。谁还能继续说一说？

……

有了如此的情感交流，稍加整理，《听听，秋的声音》的小练笔又水到渠成了。

听听，秋的声音

听听，秋天里的好朋友正在道别呢！树叶牵着大树的手说："大树，咱们一起度过了春夏，秋是咱们分别的时候，你不要伤心，因为（明年的）春天咱们还会见面的。"大树流着泪说："叶子啊！我怎么不伤心，没有你，我怎能不伤心，没有你，我怎么才能度过这漫长的秋和冬，我怎么能不伤心呢？"

蟋蟀对阳台说："朋友，对不起！我拉提琴吵得你睡不着觉，我要向你道歉，我不能在这里惊你的好梦了。"阳台说："朋友，如果你不拉小提琴，我才是真的睡不着呢。"蟋蟀说："那好，我为你再拉一次小提琴吧。"他拉的是那么动听，是那么深情。

大雁对白云说："朋友，当我被猎人瞄准的时候，是你用你的衣襟挡住了他的视线，让我有时间逃跑，谢谢你！""如果不是你，我会很寂寞的。"白云笑了笑说。大雁排着队，围着白云绕了几圈，然后依依不舍地向南方慢慢飞去。

秋风对田野说："朋友，我要走了，我会想你的。"田野说："朋友，如果没有你，我还没有今天（这么漂亮的衣服）呢！"

秋是一个很大很大的音乐厅，里面有许多友情的音乐，只要你细心去听，你也会听到的。

成文之后，学生对诗的再朗诵，才可谓情景交融，心领神会了。

“生活中处处充满着美，对于我们的眼睛不是缺少美，而是缺少发现。”同样，教材中读写互促的“因子”也无处不在。我们不但要根据教材特点、学生实际，通过转换形式、情境还原、情感追溯等多种形式挖掘教材中的双促“因子”，还要为“因子”营造一个人文和工具相得益彰、相映成趣的快乐成长的氛围。如此，学生在乐于表达的情感支配下，通过在有限的课堂时间内的多次练习，最终将能达到提高“语言文字运用”能力的目的。

数字背后的教育理念

某日，有幸聆听了新教育资深榜样教师陈美丽的专题叙事《充满劳绩，诗意地栖居在大地上》，感触良多。尤其是陈老师在叙事中所引用的几个数字，随兴而发的几句细语，使我对新教育，对新教育人，对新教育的行为，有了更感性更真实的了解。

对新教育的了解和加入，不陌生，但也不敢说多深入。原因是自己对新教育的了解，多停留在对网络上“教育在线”及与新教育相关的书籍的阅读上。虽说自己在教学中也相应的开展了晨诵和对整本书的阅读，也始终进行着对有效课堂的探索。但是，总感觉纸上得来，躬行不够，甚至对新教育的某些做法，在理解上还存在着偏颇。比如晨诵，总感觉其强调理解、感染、感动，而没有以此为契机进行相应的背诵积累，导致辛辛苦苦开发的系列晨诵课程，只给学生留驻当下的感动，而多年过后，回味感动的时候，却没有多少关于语文的较为清晰的印痕相伴，总是我们语文老师的一些遗憾。今天，我在陈老师这里知道了自己的“偏颇”实际上是一种误读。因为在陈老师的教室里，学生既有仪式的感染，也有底蕴的储备，既有当下的幸福相伴，更有着眼于质变的量的累积。陈老师接的是二年级，虽然学生的基础薄弱，但是，从 9 月到 12 月的 4 个月时间里，学生一共学了 70 多首儿歌、童谣，一学期背诵儿歌、童谣 100 多首。要知道，这是一群不缺少善良质朴却缺少灵性滋养的孩子，他们之中，竟有三个起始成绩是 0 分。按陈老师的话讲——智力背景严重缺乏。当这些儿歌、童谣伴随着理解成为学生生命里的积淀并即时得到滋养的时候，这些孩子怎能不渐有灵性呢？但，这样的数字背后，尤其是对于学生相互差异较大的班级而言，教师的工作当不限于仅开发课程，还应该有留驻课程的方法及策略，更应该有针对每一个个体的反复叮咛与持久激励。我猜测，应当还有不得触及的“惩戒”底限。

当南方地区的孩子两三岁就接触了阅读、古诗的时候，这里七八岁的孩子才新奇着老师的描述，他们所能做到的是用耳朵倾听。儿歌、童谣涉及的背景总需要老师用课件和“描绘”来弥补。但是，这种弥补的脚步一旦迈开，并坚定持久地走下去，教与学自然会悄然地发生变化。于是又一组数字出现了：开始仅是老师一个人读，后来到两个学生间的互读，最后再到全班学生的共读。一个学期，全班学生共读了三十多本绘本。对于一些也正在进行新教育实验的班级而言，这三十多本绘本也许不是个傲人的数字，但对于这些“智力背景严重缺乏”的孩子而言，其效果就非同寻常了。不过，这几个数字的背后，陈老师究竟都做了些什么，又做了多少，她并没有开列数字，只是提到因为包班（班主任，语数兼教）的缘故，她要每天晚上 8：30 分以后才能备课。而这些儿歌、童谣中所涉及的“智力背景”，又需要老师多少时间与精力才能把如何“弥补”考虑周全并付诸实施呢？

班级授课制的弊端是不利于因材施教。对于学生间差异较大的班级而言，影响自然更为明显。新教育强调过一种幸福完整的教育生活。一部分教师，首先包括我，也许会过分强调学生和自己当下的“幸福”，再加上受一些“安全”“健康”等“规定”所限，于是，一些后进生的形成就让人习以为常甚至是心安理得了。虽时有关注，但这种关注缺少心理学、教育学方面的理性的分析，也缺乏科学有序、锲而不舍，甚至是具有一种“牺牲”精神的“咬定青山”，怎能改变学生的“生命状态”及学习成绩呢？在陈老师的教室里，她是如何对待这样的学生的呢？这些时间如果也用数字来统计，恐怕还真有些难度，我们暂时称其为时段吧。

课外活动时间补习原来的知识；晚自习的时候给予单独的辅导；节假日期间给予特殊的教育。

你也许会说，这不是加重学生的负担吗？要知道，补习、辅导的不但有课本知识，还有手工、美术等艺术课程。丰富多彩的内容，加上格外的被老师“青睐”，学生高兴着呢。

应该说，我离罕台新教育学校并不遥远，但是和教育研究院的专家和老师见面的机会并不多。他们的活动时间和晚自习的补习和辅导我并未能目睹，但寒假时恰好随新教育研究室成员一起去过一次罕台，陈老师教室里仍有几个孩子和她一起读书、画画，这是自己亲眼见证的。

孩子们幸福不幸福呢？再留意几个数字。陈老师对于每个学科、每项活动都设置了奖项，共 15 个。对成绩突出、表现出色的学生将颁发给“卓越”和“完美”奖。当接手时仅得 0 分的孩子，期末既惊又喜地领到两张奖状的时候，你能想象到他们见到彩虹时是怎样的幸福和完整吗？

如果你还觉得学生的教育生活不够幸福完整，在陈老师的班级，也在实施雷夫老师第 56 号教室的“道德六阶段”，只不过，陈老师将它更浅显化，使学生更容易理解和接受。据陈老师讲，她的学生目前已能感受到第 5 个阶段，并依此自律。

陈老师还讲述了班上学生的做操、写字、手工、合唱等活动的经历。当拍摄的照片再次将走过的日子回放的时候，掩饰不住的喜悦与激动在陈老师的眉眼间也时有流露。但，她一直很平静，很淡定，也很谦逊。她说：“检验这间教室是否卓越，要等到学生到四年级的时候。”

我也听得很平静，因为我注意到陈老师其实是个很理性的人。她虽然也被学生的进步、学生的快乐所感染，但是，她并不去渲染仪式，不去渲染感动，更不会渲染成功……轻轻地，轻轻地，倒是有些理性的数字，有些朴实的正是生活在教室里的人才能倾吐的细语。至此，我又想起了朱永新教授的一句话——没有行动的梦想，终究是空想，因此新教育不但是梦想，更是实实在在的行动。

也想到了干国祥老师的一句话——这也是新教育儿童课程的一个特殊理念，它不会被简单地在另外一个教室里重复，但是，它的理念将在另外一个教室，另外一百个一千个教室里得到印证。

不过，我觉得这种特殊理念并不仅仅限于“新教育儿童课程”。

如此的话，干老师所指的理念还可以用朱永新教授的一段话来相互印证：

——当一些理念渐渐被遗忘，复又提起的时候，它就是新的；

——当一些理念只被人说，今被人做的时候，它就是新的；

——当一些理念由模糊走向清晰，由贫乏走向丰富的时候，它就是新的；

——当一些理念由旧时的背景运用到现在的背景去继承，去发扬，去创新的时候，它就是新的……

身处日新月异的时代，我们的教育，尤其是新课程背景下的教育环境，我们不缺少理念，我们也不必担心被更新速度惊人的“理念”抛下很远。但，我们缺少的是被理性所淡定的那份激情与坚守，我们不能让一些恒定的真理被浮躁冲淡、遗忘。

量变才能质变。

一分耕耘一分收获。

……

他们应该和我们一同行走在路上。

所以，

新教育需要仪式，但不是形式。

新教育需要心动，更需要行动。

新教育需要行走在路上，可这条路并没有捷径。

培根有一句值得深思的话：人生如同道路，最近的捷径往往是最坏的路。

这样的“思考力”是否对头

——以《尊严》为例

《小学语文教师》2013年第11期刊发了刘发建老师的一篇题为《做一个有思考力的教师》的文章，文中以其教学《尊严》为例，在对课文内容简介之后，得出如下判断：“我一眼，就看出这是一篇有问题的课文。”是什么“问题”，并没有直接点破。刘老师在叙述了自己的教学过程之后，“问题”终于浮出水面：后来我们知道了这是一个虚构的故事。如果我们不擦亮自己的眼睛，不能发现其中的问题，一味地照着“教参”宣讲哈默的“尊严”，会毁掉多少孩子的“尊严”呀。照此一味宣讲，其教学后果是怎样的呢？刘老师的解释是：一个没有独立思考意识的教师，不可能培养出具有独立思考能力的学生；如果没有独立思考能力的学生越来越多，这个民族的创造能力就会越来越弱。做一个有思考力的教师，就是一种担当。

读后，我钦佩刘老师强烈的责任意识、担当意识、育人意识。只是，这篇文章是否真的“有问题”，“有问题”的课文的教学目的何在，“独立思考能力”在刘老师的教学之后真的能产生期待的效果吗？均值得“独立思考”。

先来看课文是不是“有问题”。按刘老师所言，如果“一味按照‘教参’宣讲哈默的‘尊严’，会毁掉多少孩子的‘尊严’”。“教参”是怎样宣讲的呢？这篇课文被人教版教材四年级下册选用，“教参”这样“宣讲”：“以自己的劳动去换取报酬，是一种尊严，这正是哈默与众不同的人格，也正因为哈默这种人格，他得到了别人的赏识和尊重”。读后，百思不得其解，难道“以自己的劳动去换取报酬，赢得别人的赏识和尊重”有问题吗？这无论是在资本主义国家还是在社会主义国家，都是天经地义且被普遍认同的常理，难道我们（自然也包括刘老师）不都是在“按劳取酬”吗？

刘老师可能认为，课文是把哈默的所为和其他的“逃难者”形成了强烈对比，而共通的道理是每个人都应该有尊严，我们不能厚此薄彼。课文作者或是文中的当地人真是这样认为的吗？可是在课文中实在找不出这样的例证，倒是能找到当地人并没有因为哈默言行特殊而顾此失彼的语句，如对待“连一句感谢的话也顾不上说，就狼吞虎咽地吃起来”的逃难的人，“善良而朴实的沃尔逊人，家家烧火做饭，款待他们”。“善良而朴实”的沃尔逊人并没有因为其他人连一声感谢的话也不说而对其另眼相看。后来的哈默能赢得美满婚姻且成为石油大王，不仅仅是因为之前的举动特殊，而应该是靠勤奋成为“一把好手”之后步步努力的必然。

即使这样的事情是虚构的，但虚构的也符合常理常情，不会给学生带来负面影响。“让我们找出描写年轻人外貌、动作和语言的句子，体会体会，再抄下来。”这是课后问题——教学目标的具体化。也就是说，学习本文，应该通过描写人物外貌、动作和语言的句子，来“初步感受作品中生动的形象和优美的语言”，进而学习迁移这种表达方法。当我们意识到这才是本课学习目标的时候，那就不能因为文本是虚构的，而否定了它的教学价值。

那刘老师为什么会产生如此想法，我们还要看其教学过程。刘老师一眼看出这是有问题的课文之后，依然是“先让学生逐字、逐句、逐段的细读课文，不放过任何一个细节”。“不放过任何一个细节”是为了什么？可能刘老师也有关于语文的教学活动，只是限于篇幅或主旨，我们不得而知。但是，后来课堂上的“生成”，不是教材的过，也不是学生的错，需要审视的倒是刘老师所提的一连串问题。

“哈默有尊严，请问那些狼吞虎咽的逃难者有没有尊严？”

“一群骨瘦如柴的逃难者……接受了别人的救济，就没有尊严了吗？”

“街上乞讨的乞丐有没有尊严？”

“那些‘假乞丐’暂且另当别论，如某个人遇到一些特殊原因，流落街头乞讨，难道我们就不应该救济他吗？”

应该说，这几个问题的提出，已经出现了“问题”：一是和课文内容明显相悖——沃尔逊人并没有认为那些逃难者没有尊严。学生之所以回答他们没有尊严，是因为教师的问题是经过比较提出的，现在的学生能根据教师提问方式的不同而选择教师所需要的不同答案；二是问题不是着眼“学习语言文字运用”，而是在探讨何为“尊严”的道德话题，尽管“让学生逐字、逐句、逐段的细读课文，不放过任何一个细节”。再退一步讲，街头的乞讨者坦然地接受救济或施舍，和自食其力和按劳取酬相比，到底哪种“尊严”值得肯定，值得宣讲，学生自会判断。何为尊严，李行健主编的《现代汉语规范词典》如是解释：崇高庄严的地位、身份、人格等。

接下去追问显然更有问题。

“你们有没有尊严？”

见有些孩子没吭声，刘老师继续追问。

“你为什么没有尊严？”

孩子的回答是：因为我成绩很差，常常被人瞧不起。刘老师为此“惊呆”，为此“可怕”。

接着，刘老师告诉了学生一段话，主要意思是只要是人，他就有尊严。并且总结道：“经历那天的课堂，孩子们知道自己是有尊严的，知道别人是有尊严的，知道所有人都是有尊严的。”

我们暂且不论这是不是语文课应着力讨论的话题，这是不是语文课最大的收获。就说学生的回答是不是自己的独立思考。“因为我成绩很差，常常被人瞧不起。”不正是学生对自己处境的正确认识吗？学生认为自己没有尊严，是与个人的心理有关，可导致这种心理的产生，除了自责之外，同学们不够“善良而朴实”的“瞧不起”才是主要原因。如果想解决这个问题，应该引导学生再次细读沃尔逊人是如何善待逃难者的语句，反思自己“瞧不起”的不当做法。如果非要说这不是学生的独立思考，那答案只能是：“虽然我成绩很差，常常被人瞧不起，但是我有尊严”。以此类推，“虽然我不学习，但是我有尊严”，甚至是“虽然我不劳而获，但是我有尊严”，请问，这样的“独立思考”，能产生何种创造能力？

正如刘老师引用怀特海的话：“学生是有血有肉的人，教育的目的是为了激发和引导他们的自我发展之路。”注意，这里用的是“激发”和“引导”，而不是“告诉”。也就是说，如果教师意识到这位学生信心不足，也不应直接说教，因为这种说教本身，已经伤害了学生的尊严。倒是应该让他说说读了描写沃尔逊人和杰克逊大叔的做法之后，和现实结合，自己有哪些想法；或是让他读读描写哈默外貌、语言、动作的句子之后，说说自己受到哪些启示。甚至指导他读好这样的句子，然后送给他一个鼓励的眼神，一句暖人的赞许，一阵热烈的掌声，他才能找回自己的“尊严”。

同样，怀特海也说过：“我们的目标是，要塑造既有广泛的文化修养又在某个特殊方面有专业知识的人才，他们的专业知识可以给他们进步、腾飞的基础，而他们所具有的广泛的文化，使他们如哲学般深邃，又如艺术般高雅。”也就是说，我们不能把教育目标混同于教学目标。

综上，刘老师所指的教师的“思考力”，是每一个学科教师共有的育人方面的“思考力”。而作为语文学科的教师，教学的“思考力”要专注语文学科特点，倾力语文教学目标。倾听并分辨学生真实的声音，关注学生的心理状态，即使遇到心理上存在问题的学生，也“应该根据语文学科的特点，注重熏陶感染，潜移默化”，而不是空洞的说教。再有，如果真的遇到了有问题的课文，怀特海也说过：“每当一本有真正教育价值的教科书出现时，可以确信，一些评论家会说，这本教科书很难用于教学。当然，它是应该难教的。如果它很容易，那么这本教科书就应该付之一炬，因为它是不可能有教育价值的。”

《再见了，亲人》中的小练笔真的没法做吗?

《小学语文教师》2012年第3期“问讯处”的一则问答——“这个小练笔没法做”，引发了我不同的思考。现略陈鄙见，以就教于编辑和有所疑惑的老师们。

河南省的张晓凯老师提出了如下问题：“人教版五年级下册《再见了，亲人》的课后小练笔：从课文中挑选一件志愿军战士为朝鲜人民所做的事，展开想象，再写下来。然而课文中讲述的都是朝鲜人民为志愿军所做的事，这里是不是出了问题?”

持这种意见的老师还很多。因为回复中有这样的说明：“本刊编辑部多次收到类似的问讯函，反映《再见了，亲人》的课后小练笔没法做……”

可能是一线教师对此问题关注较多的缘故，令怡老师做了及时的回复。同意了张老师的“这个小练笔没法做”的观点，并强调了刊登此封问讯函的用意——以期引起有关编者注意，尽早改换小练笔的内容要求。

这个小练笔到底有没有办法做，我的观点是：由于文本中关于志愿军的“信息”有限，完成这样的练笔确实有些难度，但是，这个小练笔还没有到没法做的程度。没法做，可能是因为对文本的研读不够，对文本的表达方式关注不够，对编者的编辑意图关注不够。

完成这个小练笔，首先要对文本进行细致的研读。

这篇课文是不是“从头至尾全是写朝鲜人民为志愿军战士所做的

事，找不到一件志愿军战士为朝鲜人民所做的事”？其实，如果我们对课文读得细一些，恐怕就不会下如此的判断，因为我们会从课文中发现这样的语句：

“我们空着肚子，在阵地上跟敌人拼了三天三夜。”

“那一回，侦察员老王到敌占区去侦察，被敌人抓住了，关在一所小房子里，有一个班的鬼子看守着。”

“我们清楚地记得，那是1952年的春天，金达莱花开满山野的时候，您知道我们缺少蔬菜……”

和描写朝鲜人民的文字相比，上述内容是简略了些。显然，作者是从志愿军战士的视角来切入分别时的画面，深情回忆朝鲜人民不是亲人却胜似亲人的感人瞬间。是整篇文章表达上的特殊需要，才使得对志愿军战士的描写极具概括性，省略了许多细节。但我们应该看到，志愿军做的“事”已经轮廓初具，而且确实不是一件。

这样的文字虽然是概括性的、省略性的，可对体会课文作者所表达的情感却是至关重要的。朝鲜人民之所以称志愿军为亲人，并愿意为志愿军出生入死，甘洒热血，恰恰源于志愿军战士的浴血奋战，不怕牺牲。“比山还高，比海还深的情谊”是因为志愿军曾“在这片土地上洒过鲜血”。也就是说，能相互成为“亲人”，是建立在“将心比心，以心换心”的基础之上的。如果教学时也因为这些语句是概括性的、省略性的而不以为意，那么“亲人”情感的体验和抒发总会缺少依凭，因为亲人是相互间用鲜血和真情凝聚维系的，缺失了另一方这一对等背景的“建构”，读者就难以产生心灵的共通和共鸣，朗读时的矫情做作也就在所难免。我曾连续听了7位青年教师执教这一课，尽管课堂上也在品词析句，教师也极力创设情境，但总感觉学生朗读时所表现出来的情感是浮于表面的，不能和文本、教师的情感“和谐共振”。究其原因，就是教师忽略了支撑朝鲜人民不畏牺牲的动力之源——志愿军首先把朝鲜人民视作亲人。尽管课前也介绍了时代背景，学生也查找了相关资料。可教学时教师对所有材料却再也不曾提及，不做联系，也对描写志愿军的语句置之不理。当读到大娘冒着敌人的炮火，为志愿军雪中送炭时，为什么不问问学生：大娘为什么会这样做？或是，大娘这样做时心里会想些什么？此时，别说用上搜集的资料，能把语文课上相似的前经验调动起来就足以使学生理解以上问题了。那用胸膛堵住枪口的黄继光，那为了营救朝鲜少年而跳入冰水中的罗盛教，那焦渴异常的8个战士传了一圈却吃不完一个苹果，那长眠在朝鲜热土上的毛主席的儿子……当学生以朝鲜大娘的身份“再现”哪怕是这其中的一幕时，大娘在炮火中的一连串动作及为了志愿军宁愿失去唯一的小孙孙的做法才会“活”在他们朗读中，他们也才能体会到作者为什么会选择这些词语来表现当时的情形。

这时候，我们再看课后安排的这个“没法做”的小练笔应该是别有用意的，是为了理解上的前后呼应，相互映照。可能考虑到从这种概括的、省略的信息中挑选后还要写成较为具体的事例，学生不具备这样的直接经验，所以编者特意加上了“展开想象”的提示。正如潘新和教授所说的那样：“是否留有空白，是实用文本和文学文本的一个重要差别。空白存在的意义，不但表明了文学作品的阅读是一个对文本的综合过程，需要对文本做出自己的阐述，而且，它还对读者的作品整体感知能力和构建能力、想象力的培养都极有助益。语文教学对文学文本阅读的‘不确定性’‘空白’‘空筐结构’等观念的认识，其作用已超过了解读本身，有利于培养学生的言语想象力和创造力。”

再看本文在表达上的特点。前三个自然段叙事和抒情相结合，每段都是以祈使句开头，以回忆的形式叙述，以反问的语句结尾。教材虽然历次改编，但本文都得以保留，不仅仅是因为它传承着中朝两国人民的友谊，更基于它表达上的特色。教材的编者特意安排了课后第3个问题：“朗读课文前3个自然段，想想在表达上有什么共同点，再和同学交流。”这一题的设计，引导我们对表达方式重视的同时，也不禁使我们产生了一点遗憾。教材类似的安排在高段教材里也曾出现，估计编者在这里是考虑到小学生的年龄特点和接受能力，所以只让学生想想、说说而已。可是仅仅将写法的共同点也就是写作规律做做概括总结，做做交流，学生也就只能从写作上得到一些“静态知识”。这种认知层面的写作知识如果不及时地被投入“周转”，仍难以转化为学生的言语实践能力和创新能力。可能有人认为，随着以后学生读写机会的增多，这种表达方式自然会运用。岂不知，正是这种想当然的惯性思维，让训练坐失良机，而当我们想起训练来又时过境迁，这就难怪学生的语言运用能力总是徘徊不前了。这种看似照顾但事实上低估学生的行为，其实是无视儿童早期的智力发育中感知力和想象力也是自然禀赋，和语言能力是相生共长这一发展规律的。

如果我们将课后的几个问题相互联系，有机贯通，不论是对编辑意图还是对教学过程，都应该有一个新的认识。第一题：想一想，课文写到了哪些“亲人”？从哪些事情中可以感受到他们是“亲人”？是先引导学生整体把握“亲人”不仅仅是个称谓，而且是中朝两国人民相互付出以情换情的心灵默许。接下去的第 2、3 题，体会句子的思想感情，交流前三个自然段表达上的共同点，是通过朗读品味，透过特有的表达方式侧重体会朝鲜人民一方为“亲人”所付出的巨大牺牲。最后一题，也就是这则“没法做”的小练笔，目的是重现作者所省略的志愿军这一方为亲人、为友谊“洒下的鲜血”。这样一个通过读写结合、读写互促的过程对“亲人”进行的相互体验，才是一个完整的阅读教学过程，才是学习语言文字表达的实践性过程。如果进一步用联系的观点来看，这种展开的想象，可以是学生基于自己的间接经验基础上的，如果指导得法，也可以是迁移转化课文表达方式运用基础上的。

这种思考如何化为教学实践呢？

我在教学中，基于对上述问题的考虑，课前就安排学生查找抗美援朝的相关资料。尤其是要将学过的《一个苹果》（人教版教材四年级上册）、《黄继光》（人教版教材四年级下册）、《青山处处埋忠骨》（人教版教材五年级上册）等课文在课前再做简单的回顾，为他们深入理解本文找回了应有的情感基调。

接下去就是引导学生品词析句，以朗读表现对文章情感的理解和体会。只不过，要适时引导“朝鲜人民”回忆志愿军的流血牺牲，使理解和朗读有源有根。

在总结表达特点的基础上，在课上要预留足够的时间给学生进行小练笔。首先结合插图，再次“还原”当时的情境，也就是课文插图所呈现的车站上“亲人”间依依惜别的画面。然后引导学生进行角色转换，想一想：当时志愿军就要离开浴血奋战的热土，他们想到的是朝鲜人民为他们亲人般的付出；朝鲜人民面对这些来自另一个国度的热血青年，他们不远万里来到一个陌生的国度来浴血奋战，流血牺牲达八年之久，而今就此分手，假如你就是朝鲜人民中的一员，你也许是老妈妈，也许是大嫂，也许是小金花，也许……你会想些什么？说些什么？

有了如此的情境创设，有了资料搜集的准备，学生的汇报就自然将本课中概括性的、省略性的语句丰满上了血肉。当学生踊跃地表达对志愿军的回忆和感谢的时候，我又提出了新的要求，假如将你刚才说的内容换成课文里的表达方法，你敢不敢试一试。你可以逐句细读，变换句子内容，再写一段《再见了，亲人》。当然也可以按你原来汇报的内容写。经过一番努力，有的学生形成了如下文字：

再见了，亲人

孩子，停住你那挥动的手臂吧！你为了我们已经八年没有回过家了，你的家人是多么思念你呀！快走吧。为什么摇头呢！难道你担心我们会把你这位中国的志愿军连长忘怀吗？不，永远不会。八年来，你们为我们流了多少血，洒了多少汗。记得五次战役的时候，由于敌机的狂轰滥炸，我们很多人都失去了家园，饥寒交迫。是你带着战士们，冒着炮火，穿过硝烟，扛着木料，为我们修补房子，这真是雪中送炭啊！当时的我们被感动得流下了眼泪。在你们的帮助下，我们建好了房子，可在你们回去的途中，一位战士累得昏倒了。我们还清楚地记得，一位老乡负了伤，一位军医为他疗伤，敌机来了，军医把老乡背进了防空洞，而他却被炸弹击中，你们为了我们失去了全连唯一的军医。你们说，这比山还高比海还深的情谊，我们怎么能忘怀呢？

再见了，亲人！再见了，亲爱的孩子。

列车呀，请慢一点开，让我们再看一眼中国的亲人。

再见了，亲人！我们的心永远跟你们在一起。

相对于把概括性、省略性的语句“丰满血肉”的习作，我更看好后者，尽管初看上去只是对原文的稍做改动，有的甚至就直接运用了课文的原句。但是，这种改动调整，正是学生将表达方式和情感体验内化之后的外化，解构之后的重构，是超越模仿的一种创造。

如此说来，这则小练笔不是不能做，而是可以做，且应该做。

是无法承受的道德之重吗?

——与张肖华、程福蒙老师商榷

《人民教育》在2008年第9期刊发了张肖华、程福蒙两位老师的文章《无法承受的道德之重》。为什么两位老师会对人教版教材四年级下册《中彩那天》一文发出“无法承受的道德之重”的感叹呢?按文章讲,是“评价故事的结局时,学生慷慨激昂地说,诚实无价,而提示想象当库伯把车开走之后,家中人是什么样的情形时,孩子们还善意地留恋着那辆失去的汽车”。这种强烈的道德反差引起了两位老师的思考。思考追溯到学生通过阅读文学作品接受的道德观——好人有好报与父亲还车之后却没有任何回报这个结局有了尖锐的矛盾。此矛盾最终引发了教师对教材的困惑——“文本中这种崇高远离了现实,超越了孩子们的道德理解力,教育如何能够借此唤起孩子们的高尚情操?价值认同如何达成?”读后对两位老师引发的困惑有些不同的思考,现结合自己的教学与两位老师商榷。

我的思考是:造成教学过程中学生的“道德反差”,并引发教师对教材的困惑的,问题不在于文本,也不在于学生通过阅读文学作品接受的道德观与文本中父亲结局的矛盾,而在于教师的教学忽略了文本中“现实”的存在,教学过程并没有引发学生真正意义上的“道德理解”。学生没有经历感同身受的体验过程,谈何“承受之重”呢?

两位老师的教学忽略了文本中的哪些现实呢?我们看其“设计的两个逻辑推理问题:一是如果父亲要留下这辆车,请你为他找个理由;二是父亲是否有过要把汽车据为己有的念头？请说明理由。”其实，“无法承受”的“道德障碍”正是这两个问题的片面性所致。因为问题只建构了父亲“内心复杂的思想斗争”的一方，而缺失了“思想斗争”的另一方，即时空背景及家庭背景给予父亲的影响。

“第二次世界大战前，我们家六口人全靠父亲一人工作维持生计，生活很拮据。”由开篇的话仅仅想到“贫贱不能移”是不够的。由“全靠”一词我们应该想到，维持战争阴云笼罩下的贫困之家，对父亲而言，“诚信”既是能保住老板提供的用以“维持全家生计”的这份工作所必须具备的职业操守，也是关乎儿女成长的长远利益的必然选择。面对这似乎遥远而又触手可及的“回报”，父亲怎能不权衡斟酌。美国作家麦伦·尤伯格在《抚摸的语言》一文中曾对美国大萧条时期家庭男主人工作的重要性这样写道：“如今‘职业’或者‘工作’这一概念，是指‘达成理想’，可是当时的他们听来，这简直就像希腊语那样陌生。工作是简单乏味的，是能够挣得薪水，是可以把面包放到餐桌上的能力而已，另外还要付房租——那就是当时父亲们每日的任务。”还有一个不能忽略的“现实”是母亲的影响。文中的母亲相夫教子颇有智慧。她懂得“责任感常常会纠正人们的狭隘性。当我们徘徊于迷途的时候，它会成为可靠的向导”。（普列姆昌德语）她用言行“教诲”着“迷惑不解”的我，不正是为了默默地感召抉择中的父亲吗？父亲对此怎能置若罔闻。正是这责无旁贷的现实与唾手可得的愿望之间发生了激烈的冲突，才导致父亲的“神情严肃”。父亲在社会资本贫瘠的环境下最终抵御了“诱惑”，选择了诚信，更说明他的品质可贵崇高。感悟父亲的形象，理解父亲的行为，对时空背景的体验是绝不能绕过去的。

那么，如何通过课文的学习引发学生真正意义上的“道德理解”呢？

徐江教授在《人民教育》第9期上发的《培养学生的语文实践智慧》中的一段话很值得我们思考：“在过程的解读中，最重要的是关注被叙述对象的活动，尤其是活动的细节。作为实践性解读的本质，并不仅仅在于知道文本记录了什么。‘借助于理解，我们可以了解某些事件的特殊进程是如何可能像它显示出来的那样得以展开的’，从而为自己的生存实践提供有意义的借鉴。”对于本课的学习，我们就是要引导学生关注父亲、母亲和“我”的活动细节，综合“道德难题”构成的各种因素，设身处地地体验父亲的行为“是如何可能像它显示出来的那样得以展开的”。

人教版的四年级下册也选入了这篇课文。结合教材特点和年段阅读目标，我在教学时设计了一个涵盖全篇的主问题：联系上下文想一想，父亲开着中奖的汽车为什么“神情严肃”，他可能想些什么？通过阅读课文，学生不但得出了父亲将车“留下”的理由，更得出了“不能留”的理由。教师要做的是即时引导学生把相关的上下文还原成“现实生活”，进行角色转换。如读到第一句的时候，就引导学生联系自身的生活实际思考：我们的三口之家多数靠父母的辛勤工作来维持，现在家里猛然增添了三口人，父母会怎样做？联系文中“维持生计”又“只靠父亲一人工作”，父亲会怎样看待这份工作呢？当读到父亲“工作卖力”的时候，再引导学生联系上文想一想，父亲如此工作的原因又是什么？两次角色体验，学生体会到了父亲“神情严肃”是与严峻的现实密不可分的。留下车子对孩子有何影响呢？这恐怕是父亲神情之所以“严肃”的重要原因。课文虽然没有明示，但隐含的信息是有的。引导学生“用另一只眼睛看到纸的背后”才是阅读能力的真正训练。“我几次兴奋地想上车与父亲共享这幸福的时刻，都被他赶了下来。”学生体会到，孩子想分享“幸福”却被父亲不近人情地坚决地“赶”了下来，说明父亲不让孩子染指其事。“话音刚落，我听到父亲进门的脚步声，接着听到他在拨电话号码，是打给库伯的。”从“话音刚落”学生也能得出判断，父亲已经听到母子的对话，尤其是“我”把不按规则获得财物视为理所当然的时候，促使他果断地拿定了主意——将车子还给库伯。因为他不想把失信于人的道德品质“遗传”给自己的下一代，还让自己的下一代沉浸在“兴奋”和“激动”之中。

当学生“联系上下文，联系生活实际”破解着“神情严肃”的密码的时候，为了使每个学生都真正参与体验的过程，我让他们都在书中的空白处写下了“父亲”内心里“严峻现实”与“梦寐以求”之间的激烈斗争。一位学生在“神情严肃”的旁边这样写道：我的梦想就是拥有一辆属于自己的汽车，哪怕是一辆普通的车子。这次可是中了一辆崭新的“奔驰”呀！我留下这辆车，库伯也不一定知道啊。不行，我这么做不只让我一个人受到良心的谴责，全家人都要为我背黑锅，孩子长大后知道了该多么不安，如果让别人知道了这件事，不只是我被老板辞退，连家人都会受到别人的嘲笑，我这么做会让全家人都受苦遭罪！我不能这么做！可是……

这个过程有点近似于徐江教授文章里提到的“在场性体验”。徐教授引用一位哲学家的话予以说明：“解释一个行动者就是要了解，为什么他所做的就是他在那种处境下可以理解的话语和行为。这意味着把那种处境当作自己的处境‘重新经历’一遍，看到他所说的或所做的是可以说或做的。”我觉得这样的“在场性体验”才还原了真实的父亲形象——面对眼前利益的诱惑，也曾心动；疼妻爱子、遵守规则的道德意识又不时地提醒着自己应该正确抉择。这样的形象才可亲、可敬而又可学，优秀的品质才能被自然接受并传承。

言为心声，为什么两位老师的学生习作时会认为“那辆汽车天经地义地属于父亲，而不管用什么方式”呢？关键是教学时没有引导学生经历“在场性体验”，贯通与“学生阅读接受的道德观”的联系，体验父亲“神情严肃”的心路历程。没有之前的“压抑以久”怎么能有之后的“特别高兴”呢？此时学生的想象是自己的而不是“父亲”的。

对于文后的小练笔，我做了这样的处理。学生自主选择，可以按课后要求“想象当库伯把车开走之后，家中人是什么样的情形”，也可以逆向思维，以《汽车被留下之后》为题，想象父亲如果把这辆车子留了下来，后面可能发生什么事情。这样设计的目的，就是让学生结合课文的学习靠想象去“矫正”对诚信的偏颇认识，从“失信”中父亲的良心谴责及连锁反应来验证诚信对于生存及利益的重要，从而对诚信的意义产生深深地认同。一位学生这样写道：

爸爸在我们的哭闹纠缠下留下了汽车，我们非常高兴，但看不出爸爸有一丝喜悦，他一声不出。

今天是星期一，我多么希望父亲用车送我上学，父亲仿佛猜出了我的心思，无奈地拿起车钥匙，我紧跟着父亲跑了出去，车子在行驶，父亲只是注视着前方，看都没看我一眼。车子开到了学校，同学们有些羡慕地向我祝贺，争着问这问那。父亲看了像避难一样发动了汽车飞快地开走了。

晚上，父亲闷闷不乐地回到了家中，只简单地吃了口饭，母亲劝父亲再多吃一点儿，可父亲摇摇头，莫名其妙地冒出来一句："省点粮食吧！"说完，就离开了餐桌，不一会儿，卧室里就传来了父亲长长的叹息声……

至此，我也有了一些想法。教学时我们可以参照教学参考书，因为它也是一个时段一些优秀教师的辛勤劳动。但是，我们不能顶礼膜拜，将其视为金科玉律，我们要有自己的对教材的真正思考。对于教材中的人物形象不要人为拔高甚至神化，脱离其生存生活的空间，设置与其倾情对话的障碍，应该首先想到他也是个有血有肉的人。这样我们的教学才可以使学生"置身于所记事物的现场，进行一种重构性再现"。再者，"职业的操守、行为的准则不是遵守给别人看的，如果你没有从心里理解和接受，你就没有办法发自内心地把它做得透彻到位"。我们的学生对诚信不缺少口头上的认同，缺少的恰恰是通过"在场性体验"，进而从心里理解并接受它。因此，我们的教学应该引领学生经历"在场性体验"，"从而为自己生存实践提供有意义的借鉴"——遇到一些触动心灵要作出选择的事情的时候，能够"神情严肃"地把握自己并作出正确选择。

让评价也成为一种语文学习

——引导学生自主评价侧记

每次考试过后，教师都要分析讲评，尤其是对于期末考试的结果还要形成分析评价材料予以上报。如果将每学期的评析材料进行横向比较，会发现历届同年段的学生在检测中出现的错误有惊人的相似之处。这些错误不仅是由于知识不能扎实掌握及灵活运用所引发，而且很多是由于答题时的情感态度所导致。如果再将一学期平时考试的内容进行纵向比较，也会发现学生前面考试时出现的错误在后面的作业及检测中会“旧病复发”。为什么学生考试时的错误屡禁不止，为什么教师发现并总结的问题不能得到有效控制甚至有效解决呢？我们不得不对于试卷讲评的过程做一番审视。

一般的试卷讲评多采用两种形式。一种是以教师和优秀学生为主，对试卷中存在的问题进行有重点的订正、解释、强调，然后对更正后的试卷进行二次批阅。这种方式经过了教师的精心准备，是在对试卷结构、答题情况分析统计基础上的讲评，因而节省时间，有针对性、指向性。一种是采用学生完全自主的方式，每个人进行自我即时更正，教师简短评价。这种方式，意在使每个学生通过自己的努力，纠正自己的错误。但是，两种方法都有其弊端，前一种方式，教师的讲评要注意问题的典型性，难以全面兼顾，可由于学生试卷上的错误不一，个人所取的角度亦有不同。尽管教师对错误率高的试题重点分析刻意强调，但多数学生尤其是后进学生由于懒于思考，被动接收的信息缺乏系统性、完整性，以至于这些经历或者记忆都是零星的、碎片似的。而后一种方式，由于学生重视的是对结果的校对，而且结果正确之后，也不愿对导致错误的原因进行深入的思考剖析，因而在后续的学习过程中，遇到同类问题的时候，虽有前车之鉴，可惜痕迹模糊甚至了无，构不成参照，难以达成本能的高度自觉的调控状态，“旧病复发”自然在所难免。

究其本因，评价方式还是没有从根本上对学生产生触动，评析的内容只是教师对题目的看法和体验，而不是学生自主合作探究的过程，没有构成方法论的指导，更没有转化为学生自动化的习惯。语文新课标明确指出：“学生是学习的主体。语文课程……倡导自主、合作、探究的学习方式。教学内容的确定，教学方法的选择，评价方式的设计，都应有助于这种学习方式的形成。”也就是说，评价方式也要充分发挥学生的主体作用，倡导自主、合作、探究的学习方式。另外，语文学科毕竟有别于其他学科，情感相伴下的语言理解与运用才是语文教学的旨归。评价过程中师生、生生的思维碰撞，以及相互交流的言语内容能否沉淀为语言形式，有效地刺激、促进学生语文素养的有效提升呢？这也是语文试卷讲评时教师要思考并解决的问题。

如何提高语文试卷讲评的效率，调动学生参与评价的积极性、主动性，并且以学生比较喜欢的语文学习的方式来展开呢？我将试卷的讲评课做了如下调整。

一、让学生做评价主体

1. 自主改错暂存疑

试卷下发之后，要求每位学生首先对自己试卷上出现的错误进行自我订正。考虑到学生个体的差异性，允许他们就经过自己的努力却不能正确解答的问题向同学或老师请教，并鼓励优秀学生为后进生提供耐心的帮助。保证每个学生在进入小组讨论之前，都已经经过自己的努力，纠正了自己试卷中出现的错误。对于个别交流仍不能解决的问题可暂且存疑，作为小组讨论时的问题提出。教师此时对错误较多的学生的状况要了然于胸，要留意他们是否都得到了有效的帮助。这个过程，就相当于语文学习中的预习过程，既需要个人的静心思考，也需要交流请教。

2. 合作探究寻策略

在小组交流的过程中，对考试的知识板块集中探究，对相同的错误问题集中讨论，相互深入探寻错误的成因，最后总结避免错误出现或有效解决此类问题的方法、策略，小组中推选出现错误较多的学生作为中心发言人，其他成员帮助其完善发言的内容。如基础知识板块中的“看拼音写词语”的试题可谓老生常谈，学生小组交流时绝不能仅仅满足于对错字的更正，还要寻找错字（词）是什么原因导致，与平时的学习方法、态度有什么关系，采用什么办法可以弥补，这才是交流讨论的重心所在。由于交流过程关注的是错误产生的原因以及如何避免错误，而不是错误产生之后因成绩引发的自卑、尴尬、难堪，全体学生尤其是后进学生是以探究的心态参与过程的，他们汇报的错误此时成了可以生成方法策略的宝贵资源。这种汇报错误的过程使这些学生经历了重新认识和调整自我的绝好机会，对他们产生的影响自然是深刻向上的，因而也是有效的。那些试卷中错误较少的学生只有据此才能有产生辩论、汇报和总结提高的机会。优秀学生要在后进学生总结表述的基础之上有新的延展或提升才能赢得大家的首肯。而原来居于主体地位的教师，则退居其次，主要是先帮助学生做好小组间的交流沟通，然后合理安排，避免学生对问题的重复汇报所造成的时间浪费，而在学生交流汇报的过程中，则起点拨的作用。对交流汇报的学生多追问几个为什么，引导他们自身或其他学生对同一知识板块中的错误成因、解决办法予以进一步的归纳、概括，并将这种理性的思考及时书写在对应的试卷空白处，如简单的对字词错误的更正，除了寻找合宜的识字学词的方法外，还要引导学生追溯到是否对课文朗读正确流利这一最基本要求的高度重视及严格落实上。教师的着眼点由关注知识的正确率和运用率转变为引导学生如何保证对知识的正确率和运用率的探究上，促进学生形成属于自己的解决方案，并使这一方案对学生以后解决类似问题产生方法论的价值。这种小组交流的过程，对事不对人，学生参与讨论、辩论的热情高，语言交流的质量也得到了有效保障。

二、在情感态度上追根溯源

学生试卷上出现的错误与平时学习或答卷时的情感态度有密切的关系，部分学生错误的出现都缘于此。以往的试卷评析对此方面也进行了关注，学生得到的结论多是“不细心”“马虎”“没检查”等一言以蔽之的理由。但是，时过境迁，为什么涛声依旧呢？其实，什么地方容易马虎，什么地方不细心，对小学生而言不仅有共性，亦有规律可循。如审题匆忙是小学生的通病，有的学生在“给加点的字选择合适的解释”试题中，竟将“战士们也昂首挺胸，相继跳下了悬崖”中的“昂”字的字义选择了“情绪高”。经过追问，是因为在读题目要求的过程中走马观花忽略了题目细微的要求，竟将文意及词意的理解（战士们跳崖的时候确实热血沸腾，情绪高昂）混同于对字义的理解。此类因匆忙急躁而被试题“迷惑”并导致错误的学生为数不少，评议之后学生们一致认为：有的试题题目后面又在括号内加注了补充性、限制性的要求，这类问题最具有迷惑性；有的阅读题只需在短文内勾画圈点，这样的要求提出后不再像其他的题目那样预留作答位置。这样的问题最具有隐蔽性。这类的题目都是错误率高的试题，需格外细心，谨慎应对。学生都从实例中深有感触地表现出对审题重视的情感倾向。这样的情感倾向多次重复，自然会使学生形成本能的高度自觉，对于他们今后遇到类似的情感态度问题产生着定向性的指导作用。

三、于无痕中尝试书写

其他科目的试卷讲评，经历了上述过程，即可达到讲评目的。但是语文的学习，如果学生将思考的过程、交流的所获付诸于文字，形成自己的可供借鉴和参考的“自我反思和小结”式的资料，就既是思维的再度深入，也是语文素养综合提升的训练机会。

对于试卷的分析评价，以前也要求过学生形成书面材料。学生也能从优点和缺点两个方面对自己试卷及学习中的问题进行总结，但思维不够深入，一味罗列错误，多从感性着眼，难以由感性上升到理性，缺少规律、方法、策略层面的概括总结。由于学生出现的问题各不相同，他们在评议过程中，对于错误产生的原因，避免、解决的方法都根据自己的情况进行了或异或同的反思。同学们针对相同的问题集思广益，探求实质，针对不同的问题相互提醒，防微杜渐，而且都在试卷的空白处对方法、建议、规律等进行了概要的总结记录，这个过程本身就是对材料占有和分析的过程，虽散乱粗糙，但框架初具。学生再形成评价分析材料的时候，就是在此基础上的一个整理取舍润色的过程：错误成因及弥补方法（试卷空白处的记录）是经过自己对材料（错误实例）的分析概括归纳得出的。因此，形成材料时只需要在此基础上充实有代表性的错误实例，文章自然就骨肉丰满、有理有据、令人信服了。语文的学习，总要在语言的运用上着力。从这个角度讲，评价材料的形成过程就是语言运用的学习及实践过程。

需要注意的是，这种评价方式是为了调动学生参与评价的积极性、主动性，并关注了语文学习的特点。如果在平时的检测之后都自觉进行，错误的再现率才会明显降低，再加上期末时结合试卷对这种分析评价材料进行汇总，复习巩固的指向自会清晰明了，考试的正确率自会得到明显提高。长此以往，这种评价方式不但会促进学生自主评价意识的有效形成，还会使学生形成良好的语文学习习惯，促进学生语文素养的有效提升。

附：学生评价材料

单元检测评价分析

五年级（2）班 李烨

这次单元检测试卷共检测四个部分。我的试卷中出现了许多错误，现在我对试卷中存在的问题进行简单的评价分析。

第一部分检测的内容是基础知识积累与运用。第一题“看拼音写汉字”看似简单，可是就有同学出师不利。将“慈祥”中的“祥”字的“示”字部写成了“衣”字部。其实，这是不了解这个字的字理造成的。让我告诉你吧：“示”字部与祭拜祈求有关，右边的“羊”字可以灵活地记作祈求时敬献的肥羊，献上鲜美的肥羊祈求的是吉祥平安。对一些字留意字理，学得轻松，记得牢固。所以，以后生字生词学习的过程中，有两点应引起我们的注意。一是掌握识字方法，有的字可以根据字理记忆，二是对笔画较多的字要多读多写。

这部分还有一道“给加点的字选择合适的解释”的检测题目。我对这样的题深有感触。因为其中有这样的一道题：“战士们也昂首挺胸，相继跳下了悬崖。”其中“昂”字给出了三种义项选择：（1）仰，抬；（2）高，贵；（3）情绪高。我竟选择了义项（3）。这是因为我在思考这个问题的时候，一下子想到了课文内容，觉得五壮士当时跳崖时热血沸腾，一定是情绪高，就不加思考地选择了义项（3）。所以我既提醒自己也提醒大家，做题时联系上下文，联系课文内容这没有错，可是一定要读懂题目中的细微要求，严格按要求作答。

第二部分检测的是阅读积累与运用，既有课内的积累也有课外的阅读。光课内要求背诵的诗文就占了30分。出现了《圆明园的毁灭》一文中的一段话，要求按课文内容填空。我有两个空填错了。如果在平时的学习过程中，只要掌握“不但……而且”这个秘诀就不会落到这步田地，那就是要求积累的课文不但要正确地背诵，而且要准确地默写。只有这样，才不会给自己留下遗憾。

课外阅读的考试题中有一道是给“懊恼”找近义词。我很自信地填写上“烦恼”。没想到试卷发下来才知道自己答错了。仔细一看试卷，原来试题的要求是“从文中找出下列词语的近义词、反义词”。哎呀，我真“懊恼”啊！看来，审题是多么重要，不但要读懂题意，更要看清楚题目中限制性的要求。

第三部分是快乐习作。这可是重中之重，因为作文的分值非常高。习作写不好整体成绩就会一落千丈。只有多读书，多积累好词佳句，笔端才会流泻出如音符般美妙的语句，才会稳操胜券。

第四部分的趣味语文很有意思。要求大家帮一位因写“自产咸鸭蛋”广告牌而闹了笑话的同学重新写广告牌。这些内容在语文书中是学不到的，这可怎么办呢？这就需要在大街上你就要处处留心，要知道，生活处处皆语文。

同学们，总结的这些我们一定要记住，别泄气，下次考试的时候要加油啊！

10 分钟能做什么？

小学的课堂教学时间一般都是 40 分钟。教师也已经习惯按这 40 分钟安排教学内容并预设教学过程。

但是，2011 年版课标为了加强写字教学，保证和提升学生的写字质量，对小学语文课堂教学提出了刚性要求。“第一、第二、第三学段，要在每天的语文课中安排 10 分钟，在教师指导下随堂练习，做到天天练。”随着这一要求的落实，写字教学确实得到了应有的重视，如指导精当，要求适度，随之而来的将是学生写字质量的提升，也将减轻学生课下反复抄写的重负。这样的要求，是相对于以前对写字教学的漠视而提出的，以后是否发生变化暂不去说，至少，当下课堂教学的容量和节奏将会发生改变。因为这 10 分钟毕竟是用来专项训练的，是不宜挪移的。

于是，原来的阅读教学任务就要尽量在 30 分钟内完成。

“教师的讲解不超过 15 分钟。”这种提法在近 10 年课改中很是响亮，一些地区或学校的课堂教学以此为限来监测教师的教学行为。这一提法也有相对背景——教师对浅层次的提问和讲解习以为常。将所授的时间集而拢之，十几分钟对于执教者早就自然而然，听课者也欣然接受。限定讲授时间虽是无奈之举，难免有僵化固化之嫌，但是，对于不能收放自如的教师也有一定的作用——毕竟“讲”有了底限，“学”充裕了时间。

15 分钟的教能有所控制，毕竟还有 25 分钟读书习练做后援。可如今，专项训练时间动不得的话，“学习的主人”就只有15分钟的可支配时间了。15分钟，对于小学低段的课文，短篇几十字、百十字尚能反复周旋，对于阅读中、高段的几百字、千余字文章则捉襟见肘。“读得从容，才能由己达人，‘滚瓜烂熟’并不一定是好事，因为它缺乏与听者的交流，即使自己读自己听也缺乏体味的过程……一般情况下，按平均速度，五百字可以读三分钟左右。”（张颂著，朗读学（第三版），中国传媒大学出版社，2012年6月版，第107—108页）这是对成熟的朗读者的要求。按此计算，四年级的《自然之道》一文共787个字，这在整册教材中，属于中等篇幅，按此朗读速度需要5分钟左右。15分钟的时间也只能朗读上三遍。而对于有识字任务的小学生而言，学习阅读、学习朗读的速度应该比这再慢一点才算合宜。可能有的教师会说，我的学生能读上五六遍甚至更多，可这正说明学生读得有口无心，没有交流的意识，更没有体味的时间，可能这也正是造成学生阅读能力低下的原因之一。

“书读百遍，其义自见”，这是大家都认同的理。

可是，教学时间毕竟是个定量。

于是，新的矛盾便产生了。

“理解词句的意思，体会课文中关键词句表达情意的作用。”

“能初步把握文章的主要内容，体会文章表达的思想感情。”

“能复述叙事性作品的大意，初步感受作品中生动的形象和优美的语言，关心作品中人物的命运和喜怒哀乐，与他人交流自己的阅读感受。”

不交流讨论怎么知道学生理解、体会、感受了呢？怎么能“与他人交流自己的阅读感受”呢？这是教师最不放心的。习惯往往是这样的，哪怕有一两人能说得上来，执教者才觉心安，听课者也会点头默许。

于是，课堂教学有朗读，有默读，也有交流。为了节省时间，提高“效率”，屏幕电脑一拥而上，书本放置一边，目光都聚集在屏幕的所谓重点句段上，稍有难度的就再现画面，于是课堂上就“书声琅琅、思维碰撞甚至色彩纷呈”了。

不管怎么说，交流讨论总不等于合盘相授，可这也需要时间。假如这些交流讨论、演示再现等内容再用上5分钟的话（其实，这是目前教学的常态，且远远超出这个时间），那学生手中就只有10分钟了。10分钟能做什么？勉强能用适中的速度完整地读上两遍中等篇幅的课文。完整的文本阅读过程总要在文本中走“两个来回”，先“逆序而入”地透过语言文字，领会信息内容，再“顺序而返”，了解作者如何表达。而这算出来的10分钟，在实际教学中也不是集中交由学生掌控的。如果学生真能口到、眼到、心到地读上两篇也可以，问题是学生早就熟知这种“节奏”，懂得教师的“期盼”，读书、批注只是“点到而已”——后面老师有话要讲。苏霍姆林斯基指出：“当自学还没有在少年生活中占有必要的比重时，如何实现教学的教育性的一切争论和想法都是没有意义的。”认知语言学同样认为，在学生的生理机制和心理机制对言语本体尚未发生认知活动的情形下开展听说读写过程，只能把学生搞得一半胡言乱语，一半长期失语。

结果是，即使是贴近学生接受水平的课文，课结束之后，不少学生的朗读依然达不到正确流利的程度。上海师范大学的吴忠豪先生曾经做过两次语文课教学效率的调查。一次是调查教师教课文后学生对课文的理解究竟提高了多少，结果是三年级学生的提高幅度为10%左右，五年级学生的提高幅度仅1.5%。还有一次是采用“学生自学”和“教师教课文”两种方式教学同一篇课文后，测试结果是三年级学生和五年级学生的自学效果都略高于教师的教学效果。15分钟换来增长10%，还算有效率，可如果只增长1.5%甚至负增长，还算效率吗？

当然，这里不是绝对否定教师的教，而是现在有些教师的教已经偏离了学生语文学习的方向，甚至干扰了教学目标的达成。与其这样，倒不如不教。再回头看那识字写字的10分钟，效果如何呢？恐怕也难遂人愿，因为有些字并不是在“重点句段”中出现，学生和生字在“语言环境”中连一两回的面也未谋，能成熟字吗？

行文至此，本欲住笔。恰逢教育部出台了《小学生减负十条规定》(征求意见稿)，第四条竟是“不留作业”。其中明确规定：“小学不留书面式家庭作业，可布置一些适合小学生特点的体验式作业。”当前，小学生也受应试的影响，负担确实过重。可学语文，不管是哪路神仙，总跳不出“多读多写”的圈子。作业过多不行，没书面作业肯定也不行。书面作业在课外不能做，那就只能在课内挤时间。如果再向这 10 分钟拆借，语文教学质量岂不是更令人堪忧了？

小学生学文言有没有必要

百年的“西学东渐”，科技确实日新月异，人们受益的同时也改变了观念。当人们坐在快捷怡人的轿车上时，自然不屑那老牛破车，因为记得不记得它曾是轿车的前辈和眼下的消受无关。语言也是随着时代发生变化的，“五四”运动中白话文替代古文其实是大势所趋。但语言毕竟属于艺术，属于文化。一旦这种“替代”斩钉截铁，一刀两断，其后果会如何呢？也许有人讲，文言的学习到了中学就有了，到了大学还有专门研究的呢。可是，文言该不该学，何时学为宜，确实是个值得思考的问题。

“南怀瑾先生是一位在海内外享有盛誉的著名学者……他幼蒙庭训，少习诸子百家之学……熟习经史子集，贯通东西文化，学识渊博，著作等身。”（《南怀瑾选集》“出版缘起”）。南先生曾比较过新式与旧制小学的差距，比较后的结果是：“那个时代一个毕业于‘高等小学’（旧制的‘初级小学’和‘高等小学’，等于现在的完全小学）的优秀学生，他的知识程度、学问修养和见解，比起现在一个毕业于完全中学的学生，实在高明得多。众所周知，在这个时代几十年来很多对国家和社会有建树的人物，无论在党政、军事或文化教育、工商各界出人头地的，他的学识基础的深度，都是由于旧制小学和依照旧式读书的教育成果。”

如此感叹，今人也有。现在大学毕业生的学识基础和当年的“老三届”相比，相距甚远。说，话不得体，写，词不达意，更别指望吟诗作赋了。

那么旧教育又是如何呢？

南先生也有一段“家塾中的读书”，能了此问题。

“当时发蒙的学生，读书有两种情形，一种是考功名的，一种只以读书认字为目的的。”别看是家塾教育，不同需要的学生放在一起，却能因材施教，一首打油诗足以概括其情形：

“一群乌鸦噪晚风，诸生齐放好喉咙。赵钱孙李周吴郑（《百家姓》），天地玄黄宇宙洪（《千字文》）。《三字经》完翻《鉴略》，《千家诗》毕念《神童》（《神童诗》）。其中两个聪明者，一目三行读《大》《中》（《大学》《中庸》）。”

里面读《三字经》《百家姓》《千字文》《神童诗》的主要是为了识字，而读“四书”的则是为了功名。

吟诗作对现在已属作家诗人的专利，而那时却是“‘发蒙’两三年后的必修功课。十二三岁便会作诗，那是很自然的事。”十二三岁，相当于现在的小学毕业生。现在的小学毕业生，别说作诗，《学弈》《两小儿辩日》两则短小的文言文，两节课，朗读、理解、背诵，学起来可不轻松。

是不是那时候教法多么先进或是另有秘籍呢？

非也。“一群乌鸦噪晚风，诸生齐放好喉咙。”两行打油诗就是直观写照，“每天早上，老师各个分别圈点教读了每个不同的书本之后，不管你懂不懂意义，便由学生们自己去念读‘背诵’，之乎者也，哄堂叫读，不亦乐乎。”南先生在《新旧读书方法》中回忆道：“我们当时旧式读书受教育的方法，是‘读古文，背经史，作文章，讲义理’，那是一贯的作业。那种‘摇头摆尾去心火’的读书姿态，以及朗朗上口的读书声，也正如现在大家默默地看书，死死地记问题，牢牢地背公式一样，都有无比的烦躁，同时也有乐在其中的滋味。不过，以我个人的体验，那种方式的读书，乐在其中的味道，确比现有念书的方式好多了。而且一劳永逸，由儿童时代背诵的‘经’‘史’和中国文化等基本的典籍以后，一生取之不尽，用之不竭。当年摇头摆尾装进去，经过咀嚼融化之后，现在只要带上一支粉笔，就可摇头摆尾地上讲堂吐出来。”

中国教科院课程论专家戴汝潜教授，他本是学理的，可后来却主编过语文教材。戴教授向大家说了这样一件事。他任教升职后感觉语文需要弥补时，又约自己原来的语文老师为其补课。老师只让他买来《古文观止》，自己什么也不带，戴教授看书，老师则背一句讲一句。讲到此处，戴教授感慨万分：“我至今还没有听过一位先生能讲这样的课，尤其是50岁以下的教师。”言下之意，那“摇头摆尾地上讲堂吐出来”的人正是自己最钦佩的先生。难怪戴教授感叹，这样的先生恐怕打着灯笼也难寻了。

再回来看看南怀瑾先生对比后的结论吧。“为了‘语’‘文’合一而采用的课本，对于知识的传播和传授，收到眼前的功效确实不少。但是距离中国文化的本位，就愈来愈远了。我们所谓的中国文化的宝库，都在上下五千年的古典书籍里，但是古书都是用文言写成的。我眼见现代的青少年们，虽然爱好中国文化，有心要研究中国文化，基本上就读不通古书，打不开这个上下五千年的锁钥。因此只有望洋兴叹，左顾右盼的尽是一片茫然了。”

现在不学不记，是不是还有时日可待。“所谓少年之记，如石上之刻；青年之记，如木上之刻；老年之记，如沙上之刻。”不知如何作解。

如此说来，学生想将来口吐莲花，先生想现在“摇头摆尾”，没点文言的底子恐怕不行，而这种底子的稳健扎实，最好极早练练童子功。

也谈“语言环境中识字”

人教版的教材在识字方面借鉴了很多优秀的识字方法，如归类识字、集中识字、看图识字、字谜识字、部件识字等，但主要方式还是随课文分散识字。

为什么这么多识字方法，教材主要选择随课文分散识字呢？苏教版教材编委高万同先生如是说：“实践证明，想先集中时间，把所有的（常用）字都学完了，再开始读书学文化，是不现实的。集中识字，必须有大量的读写来紧密配合，许多字还得随课文来分散学习。所以直到今天，所有版本的小语教材，都把随课文识字作为完成识字任务的一种重要方式。随课文分散识字的最大优势在于结合具体的语言环境识字，强调‘字不离词、词不离句、句不离文’。不但使识字教学增加了丰厚的文化背景资源，而且把生字的学习与实际运用紧密联系起来，既可激发学习兴趣，又能提高学习效益。”

也就是说，随课文分散识字的好处是，由于能为识字活动提供丰厚的背景，使得识字过程动态、立体，音形义便于联系。符合汉语言整体把握的特点，且学用结合，避免了孤立识字带来的枯燥乏味，减轻了学生集中识字的压力。

教材编辑意图如此，实际的教学又是如何呢？

一般的教学程序是（尤其低年级）：导入之后，就进入初读感知的环节；学生第一遍读书时教师都做如下要求：自由轻声朗读课文，读准字音，读通句子。学生读完之后，教师即进行生词生字的检查。检查过后，识字环节便宣告开始，让学生说一说自己是怎样识记的。识字之后，有的教师还一并进行写字教学。似乎经过这一过程，生字这一“拦路虎”不但能扫除，且能“化敌为友”，过分关注反而客套生分了。尽管接下来学生在精读感悟或自学感悟时也和生字见面，但“理解”“体验”“品味”的关注点是以句段、词语为单位的，生字学习的语言环境至此已经结束了它的使命。有的低年级老师还会这样过渡：“同学们，生字我们会读了，现在看看放在课文中还能不能读准?”这话的“余音”可能是——语言环境不但不能提供便利，反而会增加生字的识记难度。

应该说，如此教学，也不是一无是处。如果学生能通过自己的努力，利用自己学过的识字方法，读准字音，读通句子，这不仅是主体性的充分发挥，而且在防微杜渐，及时检查字音的准确与否，及早避免错误读音方面，也有一定的积极作用。但是，只读一遍就进行如何识记甚至写字的教学，可能和教材的编辑初衷相悖——课文的语言环境不能说没起作用，但作用微乎其微。长此以往，新老更替，相沿成习，谁也没想到先期的识记、指导书写竟然会妨碍对生字的学习效果。

这方面，石皇冠老师的认识和做法很能说明问题。他认为，应该把识字放在儿童学习阅读的大框架下统筹考虑，先学朗读，在学习朗读的过程中无意随机地进行识字教学。在低年级的“两学年四个学期，实验班语文教学以模仿朗读为重点”。何为模仿朗读呢？也就是模仿教师朗读和录音朗读。“从一年级起，在学生一个汉字不识的情况下，他就开展‘学阅读’训练，做法是从‘听’入手，由‘听觉语言’渐进到‘视觉语言’，即老师（或录音带）朗读儿童喜欢听的童话、寓言、神话，儿童耳朵听、嘴巴跟着念、眼睛看着书面材料。开始时，二者不同步，学生只知道现在是在读哪个页码的文字，后来就知道正读哪一段，再后来就知道是正读哪一句，久而久之就找到了与声音对应的那个汉字，老师领读到哪里，学生的眼睛就盯着哪里。”石老师认为，“儿童不是按字的形状去记忆和提取信息的，而是按照字在词中和句中的意义去记忆、提取的。”（孙志毅，《一个乡村教师的草根课改》，内蒙古教育，2012

年第12期）

都读什么材料呢？《孙敬修爷爷讲西游记》和中译少儿版《伊索寓言》《安徒生童话》《格林童话》《一千零一夜》《山海经》等。其间，他也为学生准备朗读的材料，先要求他们正确流利地念教读过的篇章，逐步过渡到念难度相当的未教读篇章，整个六年从不过问学生会认哪些汉字，从不考学生会写哪些汉字。只选取和教读过的难度相当的有标点的白话文篇章，只要学生会念，就说明识字了。由于听读和朗读的量大，常用字和次常用字的复现率极高，字也由“生”变“熟”了。

如此识记，识字的效果如何呢？孙志毅在《一个乡村教师的草根课改》一文中是这样说的：“印发3500常用字表测验学生识字量，最高的3474，最低的1437，平均识字2415个。”而且是低年级结束之后测试的，也就是说，学生三年完成了六年的识字量。

这事情用惯有的思维来考量确实有点不可思议，但细想也并非无理论支撑。按石皇冠老师讲：“低年级儿童以无意记忆为主，有意记忆开始发展。没有必要在阅读学习之前专门提出有意记忆的识字教学目标去折磨以无意记忆为主的儿童。”（石皇冠，我是怎样改革识字教学的，内蒙古教育，2009年第11期，第23页）也就是说，识字教学的似无实有，无意记忆的自然利用，减轻了学生的压力和负担，使他们在轻松的状态下无心插柳柳成荫。

我倒觉得，也并不全像石老师说得如此轻松，个中原因需要我们做进一步的思考与探究。

1. 提供并充分利用了语言环境，是高效识字的基础

著名思维科学家张光鉴先生指出，“儿童识字需要具备两个前提和四个要素。这两个前提包括一定的口语能力和对那些能与文字相匹配的、具体事物的认知经验；四个构成要素包括声音、图像、语义和符号。只要儿童拥有了两个前提条件，并能将这四个要素迅速结为一体，他们就可以顺利完成对生字的认知。”也就是说，识字离不开学生的原有经验，离不开一定的环境支持，离不开环境提供的间接经验。心理学

研究证明，无论是学生还是专家，学习的事物在头脑中产生意义时，都有一种与以前的经验相结合的倾向。尤其是对儿童，只有与他们的直接经验挂钩并为他们的直接经验所能证明的东西，才容易为他们所理解和接受。符号的本质功能在于指代，学习任何符号包括语言文字，都必须把认识符号同认识符号所指代的具体事物联系起来。认知和学习心理也研究证实：当孩子学习的时候，他们总是同时吸收完全的经验，包括感觉。因此，不但知识内容，而且整个情境都被习得。其实，有些专家也很早就意识到了这点，根据汉字特点和儿童汉字认知的心理规律，针对目前识字写字教学的实际状况，王宁先生提示我们，汉字教学必须从理论上明确：汉字对汉语来说是第二性的，识字教学必然滞后于汉语母语的习得。

如此看来，石皇冠老师之所以能经过三年就让学生达成整个小学年段的识字目标，是充分地利用甚至是创设识字的语言环境，唤醒和利用了学前期儿童的口语储备。生字在语境中的不断复现，使学生能将声音、图像、语义和符号进行有效地对接。如此操作，学生不仅识字效率高，而且既捡了西瓜也捡了芝麻，阅读和识字同步双收。所以说，高效识字的基础，是充分利用语言环境。当然，还要追求一点似无实有的教学上境，正所谓，“有心栽花花不开，无心插柳柳成荫”。

反观开头提到的教学，仅读一遍课文，就进行识字写字教学，事实上并没有最大限度地依托语言环境，依然是集中识字和写字，是在用集中识字的方法来教随课文识字。认知语言学认为，在学生的生理机制和心理机制对言语本体尚未发生认知活动的情形下开展听说读写过程，只能把学生搞得一半胡言乱语，一半长期失语。

可为什么还要这样做呢？是从众的心理或是集体无意识导致的。大家如此，习惯使然，彼此相同，心安理得。谁要是质疑反而会受到大家的“质疑”。正如帕克·帕尔默所言：“我们越不去与真理谈话，我们的认知、教学和学习过程就越有可能被传统和神话式的真理模型深深地支配，客观主义者模型已深深地埋入在我们的集体无意识之中，不理睬它就等于赋予它力量。”

2. 有章可循的写字教学对识字教学的反促进

石老师也教学生写字，且用“尝试学字法”，主要是根据汉字的构字规则；一节课学一族字的规则；经过一段时间的学习，学生就掌握了一百多族字的规则。其实，这是充分依寻了汉字的字理，学生在写字过程中，学习了一定数量的基本字和有限的构字规律，就可以凭借联想无师自通地大批量主动识字。所谓的“秀才读半边”就是这个理，不过小学学习的多是常用字和次常用字，即使偶有“秀才”误读半边，因为正确的（听）朗读会不断发生刺激，也会使错误得到自然校正。如此说来，由于有汉字规则的认识和领悟，使得识字和写字共通，写字反对识字产生了极强的促进作用。之所以语文教学要有整体观念，要听说读写相互贯通，正是这个道理。

3. 看似无为、不是刻意的教学，恰恰促进了学生的有意注意

还有一个原因，可能要和石老师商榷，石老师强调这种识字方法是利用学生的无意注意，似乎和有意注意关系不大。

我倒是觉得，这种看似无为、不是刻意的教学，恰恰促进了学生的有意注意。识字效果较好，可能正是有意注意和无意注意同时作用的结果。

我们知道，单个认知汉字需要三个阶段：感知字形——分析字形——与记忆表征相联系，建立形、音、义的联系。听读虽然有丰厚的语言环境，强调整体识记，但是，凭无意注意对人、事、物有大致的了解或记忆是相对容易的，如果涉及每一个汉字，“复现”的次数虽多，对字形仅从整体上、轮廓上认知尚还可以，笔画、部件的记忆如果没有有意注意的介入，恐怕很难达到此效果。“老师领读到哪里，学生的眼睛就盯着哪里”，不就是动眼又动心的有意注意吗？如果不达到这种状态，尽管有听读、有朗读的多次刺激，生字对于学生来说还是过眼云烟。就像同入寺的小和尚，诵经念咒起初都靠师傅的口耳相传、语音转录，可一辈子有口无心“念”经的到头来还是和尚，而心眼相通、触机

顿悟的才能成为大德高僧。现实中也不乏这样的例子，部分小学生甚至成人也喜欢课外的随机的阅读，也读了不少，但习作行文错字、病句连篇的人也并不鲜见。

这里可能涉及学生学习的动机问题，尽管是不检查学生是否识记了生字，但是，当教师提供了“与教读文章程度相当的文章让学生阅读时”，学生之间自有差异，可就是这种正常的差异，却产生了“正能量”。“当学生对于某些知识或技能产生迫切的学习需要时，就会引发学习内驱力，唤起内部的激动状态，产生焦急、渴求等心理体验，并激发起一定的学习行为。”（陈琦，刘儒德主编，教育心理学，高等教育出版社，2008 年 4 月版，第 192 页）这就是动机引发的作用。我们知道，动机在人的心理活动中占据极其重要的地位。在动机范围以内的心理活动常常被强烈地记忆和感知，而在动机以外的心理活动往往就容易被遗忘或者很难被感知，有时甚至视而不见，听而不觉，感而不知。这种动机引发的学习行为肯定是有意注意。基本字字形简单，多次复现，靠无意注意能轻松识记，但 3500 个左右的汉字都靠无意注意是不可能完成的。与其说“以无意注意为主”倒不如说有意注意和无意注意共同作用产生了如此效果。从另一个角度讲，利用学生无意注意的优势，同时发展学生的有意注意，对于学生学习能力的提升和学习效率的提高，不是更具意义吗？

事实总是胜于雄辩。当人们总习惯识字是阅读和写作的基础，总认为先识字才能阅读，总期望解决识字和阅读之间的矛盾的时候，石皇冠老师却反其道而行之，先学阅读后识字，使识字成了阅读的副产品，不但解决了学生先期阅读发展语言的问题，也使得识字效果非常理想。那么，按固有思维固有做法，为识字效率而发愁，为学生的阅读能力而担心的我们，是不是也要对教学做一点反思，即使暂时不能像石老师这样改革得大刀阔斧，起码也应该遵循规律——一要充分利用现在教材提供的语言环境进行识字教学，二要大量提供课外阅读材料，让学生利用语言环境巩固识字效果，培养识字能力。

也说母亲的恩情

常言道：母亲的恩情似海深。但是没经过她的八千里路云和月，就难以理会她的宽厚和博大。

八九岁的孩子对母亲怎么看呢？

我的记忆有些模糊，但是从身边的孩子那儿能找到影子：母亲是自己的守护神，有了痛苦喊的第一声就是妈妈；母亲又是自己的勤务员，现在的孩子生活优越了，能乖乖地衣来伸手，饭来张口那就感动得母亲心花怒放了。他（她）们驱遣母亲时是那样的心安理得，做母亲的也是那样的心甘情愿。

十几岁的孩子怎么对待母亲呢？自己的女儿读初三，今年刚好十六岁，因为懒得吃饭遭到了妻子的训斥，放下碗筷直奔自己的房间，还“砰”地甩上了门。不一会，竟端着书笑嘻嘻地对我们说：“妈，书上让我们写作文，你们快说说，你们中年感到沉重了吗？”真的没办法，我说了沉重，她真的能懂吗？这就是在同事眼中听话的我的女儿。

名人的儿女会是什么样子呢？叶圣陶的曾孙女写给妈妈的日记是这样的：“说实话，电影里的母爱都不是真实的，不吵架的母女不会有太深的感情，因为在深恨一个人的同时，又发现自己在爱着这个人，这才是情感，才是一种正常的富有情趣的生活。”

人到了中年的时候，又是怎样理解母亲的呢？

我在母亲身边学习工作三十多年，长期生活在一起，对母恩也没有特殊的认识。35 岁的时候，应聘到外地去工作，当时父亲并不支持，看到我要执意前往，母亲一改往日的温柔，毅然为我说服了父亲。我携家带眷离开老家的当日，脆弱的母亲脸上始终挂着微笑，我流着泪带上车门的时候，车窗外的母亲在妹妹的搀扶下还是笑着向我招手，虽然她笑得有些僵……

假期一到，立刻返家去见母亲，我真的不敢相信，半年光景，母亲竟憔悴至极，并不耕作的她头发斑白，脸色黝黑，舒展后的鱼尾纹里才能见到本有的白皙。见到自己的孙子，她再也忍耐不住，一把揽在怀里“呜呜”地哭了起来……

后来才知道，自打我们走后，她在屋子里再也坐不住，常常站在公路边，手搭在额上，眯着眼睛朝远方望着、望着。而到了儿子以前的同学放学的时候，她又匆匆地赶回家，掩上了门……

假期结束的时候，母亲跟在我们一家人的后面，送了一程又一程，一直送到村口。我们上了车，透过车窗，她还站在那里，我只回了一次头，就再也不敢回了……

“母亲的恩情孟郊永远铭记在心，就在他50岁那年，写成了这首著名的小诗《游子吟》”，我能理解孟郊虽然永远铭记，但是为什么到50岁的时候才写了这首《游子吟》。

我曾为写而教

教育家李希贵曾提到教师专业成长需要关键事件、关键人物和关键书籍。回顾自己从教近三十年的经历，如果说自己专业成长中的关键事件，首推于写。

2003 年，我接触到苏教版教材，由于刚刚使用，免不了要经常光顾它的网站——凤凰论坛。除了查找所需资料外，阅读实验教师所写的教育教学随笔也是常事。在感觉到江南人文的厚重和学术交流氛围浓厚的同时，在既有怯意又有冲动的矛盾之中，自己开始尝试反思并记录自己的教学经历。写了几篇之后，选中意的发上去，没想到很快得到了版主的好评，还吸引了许多老师的关注。从此，便一发不可收。每天不写点什么就寝食难安、魂不守舍，并不是有多么高的境界，现在想来，纯属虚荣心在作怪——由于发帖的人很多，自己的帖子里没点新货，就不能浮在第一页了。一段时间后，竟得到了校长的法外施恩——教案可以用教学随笔替代，当时还暗自得意，再也不用挪来移去地重复昨天的故事了。没想到这是在“作茧自缚”——每天捧着短小浅显的课文甚至是只有词串的识字教材进行解读，对着只有三道的课后问题冥思苦想、翻来覆去。明知是孤灯长夜，乏味枯燥，可还是自己掐自己：写出来的东西，面对的都是专业人士，对人对己都有几分责任在，不能说别出心裁，可总要有点自己的思考，随波逐流、人云亦云或是事无巨细、老生常谈，总会被别人看淡。于是，解读和设计之前要查找大量的资料，一是汲取，更主要的是避免重复。本来自己的教学似乎有一套“章法”，按部就班地推进根本耗费不了多少心力，现在却乱了“套路”——词串不但会认会写，而且要指导学生会用；课文的仿写、续编不时穿插；同一课里朝代不同的诗人也可以相互“对话”。这还不算，课堂之外的一切似乎都能和教学关联起来。两个学生放学在门口打起来了，课上就让他们相互道歉，而且是在同一间教室拿着手机打电话道歉，因为教材中有一个口语交际训练——学会打电话。好奇顽皮的学生买回了小螃蟹，我就假装没收他们的——“逼”他们以小螃蟹的口气写《小螃蟹的自述》，那是因为有趣的事是学生必须会写的内容。学生一段时间玩陀螺成风，就让他们以“陀螺”为题写系列的童话，因为他们喜欢奇思妙想。网友的一再鼓励，更让自己“挖空心思”“得意忘形”，即使临近考试前的复习，我也要搞一点名堂——把第二天要检测的试卷头一天晚上发下去，但不允许学生在试卷上作答。用什么办法学会我不管，反正第二天还必须得高分。如此的折腾，原因竟简单的可笑——就是为了让自己有的可写，还要与众不同。

自己的一番苦形劳神，倒使学生的成绩与日俱增。年级组的老师也动了起来，都开了自己的主题帖，除了相互探讨还相互比赛。没想到这还得到了家长的响应。他们常常光顾我的帖子，有的还将孩子的口述或写话写在我的帖子里，学生和学生也暗暗比帖子的数量。于是，我又为学生开了个写话主题帖，并且申报了“利用信息技术激发小学中低段学生习作兴趣的实验研究”的省级课题，利用网络优势从二年级开始就进行师生共读共写，这就使学生的说写又多了一方天地，让他们不知不觉却又心甘情愿地和我一同卷入写的世界。

一个学期下来，自己的随笔专集《我和孩子们的求索之路》被苏教版教材编委会评为“十佳随笔”，随后又被教材编委会聘为“备课室”和“教材实验”的版主，还被邀请参加了全国级的教材培训会，并在会上代表网友进行了主题发言，见到了平时只在网络里请教交流的教材主编张庆先生、高林生先生，还和江苏的特级教师魏星、高子阳等成了朋友。

三年多不间断的写，没感觉到文章增色，倒是练就了一项实用的本领——解读教材。拿到教材，读过两遍之后，我便能根据课后问题和课标中的年段目标迅速对接，从而能较为准确地制订教学目标。如此，我的课堂虽然有时“随心所欲”，但是不会逾矩（课程标准里的阶段目标）。

再教人教版教材之后，留给自己沉思的时间多了起来，读书的面也宽泛了许多，这也使我对我和学生产生变化的原因做了一些反思：一是我的课堂教学都经过了认真的思考，而这些思考的深入都是自己要写点什么促成的；二是学生喜欢语文课，习作能力强，源于我的读写一体、读写互促的教学。我在思考阅读教学的时候，就基本上对学生的练笔有了腹稿，个中三昧未练先知，这样学生在习作时遇到困难我就知道了如何利用教材提供参照，联系生活进行疏导。读写结合当初只是为了深化对阅读材料的理解，没想到学生阅读能力提高的同时，习作能力也相应的提高了。思路的清晰，行动的改变，使我的语文教学虽不能形成个性风格，却有了明确的追求方向——读写结合，读写互促。诚如叶圣陶老先生所言：“讲课之际，自不必时时提到作文，而实则处处都与作文有关。故或以为读与作是两回事，显然不对。我竟欲谓教阅读如教得好，更不必有什么写作指导。”

我依旧为写而教，但此时的重心已经发生了转移。

面对新接手的习作能力亟待提高的学生，我凭借自己的认识和经验，让阅读教学知行合一，将习作阅读融为一体。为了让学生有的可写，且能写得有模有样，即使对名家名篇我也不放过，教学巴金的《鸟的天堂》的重点段——描写千鸟竞飞、百鸟齐鸣的场面时，我也让学生联系校园里、广场上、花坛里蝴蝶流连、蜜蜂翻飞的场景，让学生仿中有创；学了说明文《电脑住宅》，我要学生想象出自己的《电脑教室》；

还根据各类文体的不同，归纳了不同的读写互促、读写结合的方法。课外更是多方联系，举行开学典礼时本来是想让学生写写《难忘的开学典礼》，但没想到学生被明晃晃的太阳晒得全蔫了，我就让他们比比被晒时难熬的感觉，发发似乎满腔的牢骚，说说对得奖同学的羡慕。然后，题目一变——《________的开学典礼》，还说是写给校长的。再看学生，又全“活”了。不时地听其他科目老师的课，倒不全是为了虚心学习，主要是为学生寻找能写的联系点。我没上过“正经”的习作课，学生却无时不在习作，而且每次的习作都让人感觉到是一种情境相伴下的自然“倾吐”。这期间，不但有些学校邀我作专题讲座，而且我的一些读写结合教学的案例也被《小学语文教师》《小学教学》《小学教学研究》《内蒙古教育》等刊物选用。与此同时，我得到《内蒙古教育》主编的鼓励和指导，让我将做法进行整理，并连续刊登在《内蒙古教育》上，感谢的同时更增添了自己探索和研究的自信。

随着 2011 版课标对学科性质“学习语言文字运用”进一步的明确，随着自己的思考和做法日渐清晰，东胜区几所小学和我相约而行，共同进行基于课标基于教材的读写结合、读写互促的课题实验。大家既共同研讨，又分工合作。两三所学校分别承担三至五年级一个单元教材的分析与读写结合的教学设计，既集思广益又视角不同，在提高学生阅读的质和量的前提下，最大限度地开发教材读和写的例子功能，和学生的现实生活做合理的对接，安排适量的小练笔，通过适度地“模仿”“借鉴”，来“学习语言文字的运用”，反过来又促进学生阅读水平的提高。正像刘勰在《文心雕龙》里所言：“酌奇而不失其贞，玩华而不坠其实。”也就是说，有鉴别地吸取新奇的创造而不失却雅正的本质；玩赏品评华美的文采而不丢弃扎实的内容。实现着由教教材到用教材教的转变。

潘新和教授讲：“言语生命意识主要是靠言语生命来传递，这其中主要靠语文教师的言语行为中显示出的言语人格感召力对学生产生潜移默化的影响。一个语文教师如果缺乏对言语生命的真切体认，不热爱言语表现，不能在自己的言语行为中张扬生命意志和激情，他的学生也就不可能对言语表现有着存在性的、生命化的理解，就不可能形成强烈的言语生命意识，奠定言语人生、诗意人生的基础。”是的，如果说我和学生都有所获，除了感激帮助过自己的老师之外，就要得益于自己的为写而教，虽然和专业写作尚有距离。但是，感觉自己已然行走在路上。

实实在在做研究，提高学生语文能力

通信卫星

在茫茫的大海上，台风刚刚睡醒，它看见了一个圆圆的垃圾桶在天上飘着，就向它打招呼。小红马听见了，很不高兴，便对台风说："台风，它好像叫什么通讯卫星，可厉害了。它每天要接收人们的信号。以前没有电话的时候，还不是我们天天跑。它就笑我们没头脑。"台风一听又是卫星，就狂怒地嚷着："你这个小圆桶，看掌。"卫星正要低着头和它们打招呼，哪里知道台风的偷袭，它猛地一跳，才免得一死。可信号差点停了。

它问台风："你怎么了？为什么这样？"

"你为什么笑话小红马？"

"我笑话小红马，我几时笑话小红马了？"通信卫星有些摸不着头脑。

台风气极了，它猛地一跳，对准卫星猛扑过去。可是，通讯卫星早就回到了3600米的高空，它怎么也跳不了那么高。于是，它找来朋友，合成了20级的飓风，准备继续找卫星的麻烦，通讯卫星赶紧向气象卫星发生通知："马上就向人类报告，西南海面有20级大风。"

台风一听又是气象卫星，便泄气了，只好又懒洋洋地走了。

这是学过《跟踪台风的卫星》之后，教师根据课后第5题"你还想知道哪些人造卫星？选择一个做点研究，再把结果跟同学们交流交流。"的安排略作指导后，学生完成的一篇小习作。文字虽然稚嫩，好在也有自己的想象，并适度地引用了资料。从这道练习题的训练意向来看，它属于综合实践的训练内容，常规做法是让学生自主搜集资料，然后以小组或是小组代表的形式进行汇报交流。虽然学生经历了搜集信息、交流信息的过程，但是，收效甚微：一是学生“处理信息”的能力尚处于培养阶段，甄别、取舍有价值信息的水平有限；二是受资料中专业术语的制约，对于听取交流的学生来说，会感觉到这是一个索然无味的过程。同时，也应该看到，这种纯粹意义上的资料交流，有些违背语文课程的初衷，有些“荒了自家园，种了别人田”的嫌疑。

为什么要以习作的形式完成这样的训练呢？

新课标指出，“综合性学习主要体现为语文知识的综合运用、听说读写能力的整体发展、语文课程与其他课程的沟通、书本学习与生活实践的紧密结合。”这句话是不是也可以这样理解，语文课程与其他课程的沟通、书本学习与实践活动的紧密结合，其目的在于促进学生对语文知识的综合运用、听说读写能力的整体发展。应该看到，资料的汇报，有沟通、结合的过程，有听说读写的参与，但是，这种参与只是一个复制、重复、转移和被动接受知识的过程，学生的情感、态度是依附在知识之外的。不管这种知识在科学上多么重要，因为与自己有一段遥远的距离，导致爱科学、学科学、立志用科学总感觉缺少几分亲切与自然。

写，则有效地解决了这个问题。首先，资料的占有变为一种需要，而且这种需要要受自己的兴趣和文章形式的制约，查找吸收的过程本身就进行着“处理信息”的历练，就是“做点研究”状态的开始。听取交流的过程，就要凝神静气，就要有所取舍，就要求个明白，无论结果如何，此时的学习状态是积极的。

其次，“沟通”和“结合”也会变得自然和紧密起来。从课文中学到的语文知识，绝不是气象卫星的专业知识，而是如何讲述气象卫星的语文知识。为了使自己的“研究”成果乐于被人接受以至于喜爱，就必须从课文的写法上有所模仿，而模仿无论是形似还是神似，都是对所学知识的一个重温而且深入的过程。古今大艺术家在少年时所做的功夫大半在模仿。米开琅琪罗用过半生的功夫研究希腊罗马的雕刻，莎士比亚也费过半生的功夫模仿和改造前人的剧本。学生模仿课文形式还经历了对课文内容、主题重温和深化的过程，为什么不用呢？

再次，以写的形式呈现（当然有听说读的介入）最终还是落脚于对语文知识的学习、语文能力的提高上。李海林指出："语文教学的目的不是认识语言，而是运用语言，不是培养'谈论语言'的人，而是'运用语言'的人。"徐江教授在谈中学语文教学时有这样一段话："把'读'和'写'结合起来，是一个很重要的语文学习法。它的好处是，启发学生学以致用，脑子里要有这样的意识——每读一篇文章，要想一想它告诉我可以写一篇什么文章呢？这是一种自觉的学习，以写来对文本加深理解，以写实现积累，要养成这种习惯。"这段话虽然是针对中学语文教学而言，但是，对于同属一个总目标的语文教学，虽"各学段可以有所侧重，但不应把它们机械地割裂开来"。

读写互促中的教学实践与反思

讲课之际，自不必时时提到作文，而实则处处都与作文有关。故或以为读与作是两回事，显然不对。我竟欲谓教阅读如教得好，更不必有什么写作指导。

——叶圣陶

《鸟的天堂》“读写结合板块”教学设计

【内容解析】

《鸟的天堂》是人教版教材四年级上册课文。

1.“读到‘到处都是鸟声，到处都是鸟影’这一段描写，眼前仿佛出现了榕树周围千鸟竞飞、百鸟齐鸣的景象。”本文对大榕树晨间动态的描写，被“语文园地”中“我的发现”板块用为个例，旨在揭示和指导学生边读边想象的阅读方法。但“边读边想象，就能在头脑中形成画面”这种阅读习惯或能力的形成，并非一蹴而就，需要有语言的积淀和语感的培养，如能在教学中结合生活经验，搜寻身边和文中相似的景象，由已知想象未知，接近文字中的画面，则想象的难度降低，极容易使学生入情入境。

2.“在口语交际的基础上，围绕自己游览过或了解到的一处自然景观，写一篇习作。可以写著名的旅游景点，也可以写身边的景物。写之前要想一想主要突出哪一点奇特之处，大体按怎样的顺序写。希望通过你的习作，读者能够想象出画面，感受到大自然的奇妙。”这是本组的习作要求。但是，对于小学生而言，旅游景点常常时过境迁，而对身边的景物特点又熟视无睹。如能将身边熟悉的景物与课文的精彩片段互相映照，课文的想象理解和习作的特点表现便可相互促进。

3. 早晨榕树间百鸟争鸣、万鸟齐飞的景象，是鸟的天堂中奇特之处，亦是教学的重点。反复诵读加以多媒体辅助似乎可以让学生如临其境、如闻其声，但是这种想象不是油然而生、自然而然的。如再条分缕析，将如何写形态写动态一一厘清，学生肯定觉得索然无味。其实，用心发现，每所学校或社区里最常见的花坛，其间蝴蝶翻飞、蜜蜂流连的景象，虽没有晨间榕树之壮观，但也景象仿佛，足可引导学生由小见大、由此及彼，还能让他们感受身边景象之特点。

【目标定位】

结合身边熟悉的景物特点，和原文语言进行比较斟酌，进而选择、调整词句，仿写景物特点。再由此及彼，情感迁移，朗读原文想象画面，使读和写双向促进。

【活动设计】

1. 默读课文作者第二次去鸟的天堂的段落（10—14），说说自己最喜欢晨光里鸟的天堂的哪些景象？引导学生通过阅读汇报，充分激发阅读感受，为后面的理解和仿写奠定基础。

2. 寻找身边熟悉的相似的景象进行仿写

教师引导：“当我们随着巴金老爷爷第二次来到鸟的天堂的时候，我们的耳朵和眼睛都有些应接不暇了。我们都想到鸟的天堂去领略享受一番。其实，在我们的周围，这种享受也能找得到，如果你用心想一想，也许在我们每天生活的学校就能寻得见。”（学生开始可能有些迷惑不解，毕竟校园面积有限，更别提如此之茂盛的大树了。）“假如我们将花坛里的花丛看作那独木成林的榕树，相信你也能听到美妙的声音，看到热闹的景象了。”

（此言一出，学生肯定似有所悟。）

“是的，花丛里有采蜜的蜜蜂，有五颜六色的蝴蝶啊！”

“那我们就再读一读课文的这两个自然段，边读边想，如果我们准备写花坛里蜜蜂忙碌、蝴蝶翻飞的情景，有哪些词句能为我们所用，哪些词句需要做些调整呢？”

再次细读，学生就会发现，只要将文中的鸟儿换成蜜蜂和蝴蝶，稍加改动个别词语，花坛里的景象就如同榕树上的景象了。词句选择的过程就是景象再现的过程。

如有学生这样仿写：

操场南侧还有几个鲜花盛开的大花坛。起初周围是静寂的。后来忽然起了蜜蜂的“嗡嗡”声，我们把手一拍，便看见一只蜜蜂飞了起来。接着看见第二只，第三只。没想到花朵上还伏着许多只蝴蝶，随着我们的掌声，花丛中就变得热闹起来了，到处能听见蜜蜂的声音，到处能看到蝴蝶的影子。大的，小的，花的，黑的，有的躲到花丛里，有的飞起来，有的在扑翅膀。

我注意地看着，眼睛应接不暇，看清了这只，又错过了那只，看见了那只，另一只又飞起来了。一只五颜六色的蝴蝶飞了起来，被我们的掌声一吓，又飞回了花丛间，竟在花朵上翩翩起舞，那舞姿真好看。

3. 回顾原文，促进理解及想象

教师引导：“身边的小花坛里的景象经过如此描写也变得异常热闹起来，独木成林的大榕树，不知有多少只鸟在那里安然入梦，和蜜蜂的嗡嗡、蝴蝶的翻飞比起来，不知要壮观多少倍，你能通过你的朗读再现当时的热闹景象吗?”(此时的朗读由于有前面对文字斟酌的基础，学生会产生似曾相识的感觉，“边读边想象”的阅读方法在实践中得到了巩固。)

4. 利用教材，再度仿写

以上仅是利用教材所进行的片段仿写。其实，教材里读写结合的点很多，还具有连续性。完成了本次读写结合之后，则可以引导学生结合前一篇课文《雅鲁藏布大峡谷》，学习对周围景观描写的顺序安排。该文首先介绍了雅鲁藏布大峡谷所处的地理位置，接着，运用数字比较的方式有力地说明了大峡谷是世界第一大峡谷的事实，然后，课文从大峡谷的雪山冰川、原始林海以及生物的多样性等方面描绘了峡谷的奇异景观。在让学生仿写时，如果把美丽确定为学校的特点之一，只要将学校位置先行交代，再和周围学校比较大小，然后将仿写片段作为重点“嵌入”习作之中，就可以较好地完成对学校景色描写的习作任务了。

另外，读写结合还要有整体眼光，注意连续性。如四年级下册第一单元又是“山水篇”，习作任务之一就是写校园的景物，教师便可引导学生承接本次习作，结合《七月的天山》里描写雪峰融化的雪水仿写喷泉，仿对原始森林里塔松的描写来写校园的老树，然后再对原来的习作修改完善。连续性会使读写结合双向促进，久之还会形成学生的自觉意识。

两入“沙漠”由“知”到“行”

——《我应该感到自豪才对》教学片段

叶圣陶说过：“语言文字的学习，出发点在‘知’，而终极点在‘行’；到能够‘行’的地步，才算具有这种生活的能力。”这句话既明确了知识和能力的关系，又明晰了语言文字学习的途径：知识是必要的，通过理解获得知识；理解知识之后，还必须通过语文实践形成语文能力。由知到行，必须经过理解和训练。

苏教版语文三年级下册《我应该感到自豪才对》课后第四题的设计就有此意：“沙漠旅行结束了，小骆驼又见到了那匹小红马，他会怎么说，怎么做?”此题充分利用课文延伸的形式，将小骆驼的亲身感受通过自己之口表达出来，在实践理解和训练有机结合的同时来完成对课文主旨的深化。但是，这样的训练题目如果在“沙漠旅行结束后”单独辟出时间让学生说一说，可能会造成与读书情境脱节的情况，使得学生的语言就可能言不由衷、隔靴搔痒。能不能将语言与思维的训练自然而然地在读书过程中落实呢？教学中，我做了这样的安排：

1. 初入沙漠，跟着“知识”走

由于本课内容通俗易懂，通过读书，学生就能将小骆驼的外貌特征自然地与沙漠的恶劣环境建立联系。教学侧重引导学生通过朗读揣摩描写小红马的讥笑口气、小骆驼的委屈心理、沙漠的“无边无际”与风沙的“铺天盖地”、妈妈的良苦用心的词句。随着朗读过程的深入，由“实践”检验出的小骆驼“难看”的样子和特殊的功用则一一对应：

脚掌又大又厚——沙子陷不进

两层睫毛——遮挡风沙

两个肉疙瘩——贮存养料

回顾这部分的教学，它只是对课文内容的梳理和对一些关键词句的感悟，只算是在文字中走了一个来回。整个教学过程，学生的收获只停留在对小骆驼的特殊功用的知识的了解上，因为他们得到的多数都是原有信息的重复，教学中能够真正引发学生思考的问题不多。层面还在“知”上，而如何“行”，怎样“行”尚需要利用此层面再来一次转化、提高。

2. 再入沙漠，享受“能力”走

为了使知行得到转换，二者自然得到统一，我又安排了这样的教学过程。

师：只在沙漠走了一回，小骆驼就收获了自豪，老师也想读一读。“第二天，小红马跟着小骆驼走进了茫茫的大沙漠……”

生：老师，您读错了，应该是小骆驼跟着妈妈………

师：我是读错了，同学们想一想，调皮可爱的小红马会不会真的跟着小骆驼来一次沙漠旅行呢？

生：会的，什么事情都可能发生。

师：现在你再读一遍课文，然后想一想：如果小红马真的跟着小骆驼来到沙漠，会发生什么样的事情？我们每个人都会再从课文内容中受到启示，请拿起笔来把他们再入沙漠的过程写出来吧，写完之后我们再交流好吗？

思维的闸门一旦打开，飞扬的浪花便会激情飞溅。同时也应该看到，这种恣意的创造是有所凭借的，是“从心所欲，不逾矩”的。这里的“矩”就是文本的主题思想和表达方式。

将学生的日记收上来之后，我感觉很满意。一是学生能仿照课文叙述的过程将小红马走进沙漠之后腿陷入黄沙、鼻孔吹进黄沙、饥饿难耐、筋疲力尽的动作神态写得形象生动，对话的过程换成了小红马对小骆驼“难看”的外貌的羡慕。一个学生这样结尾——小红马默默地想：如果我也有小骆驼那双驼峰、又大又厚的脚掌、两层眼睫毛，该有多好啊！与课文有异曲同工之妙。

回顾这个教学过程，是活用课文的语言在茫茫的沙漠中又走了一遍。和第一遍有所不同的是，角色发生了转换，小骆驼不但有自我体验成功的过程，还有享受来自于小红马的感谢、羡慕所带来的愉快、自豪的过程，这种自豪感是内外交汇的过程，是学生、作者、教材对话深入的过程。更主要的是，这个教学过程不是从知到行的纯粹模仿，而是仿中有创，是学生学习并自主运用语言的过程。

未成曲调先有情

——对古诗词改写短文的思考

小学语文教材每册均选编了几首古诗词，其课后练习常常安排如下小练笔：从本课中选一首自己喜欢的古诗词，将其改写成一篇短文。

诗改文，既是对诗词内容深度理解及情感深刻体验的过程，也是学生的观察能力、想象能力、表达能力通过实践得以提升的有效途径。不过，这需要在诗词教学的整个过程之中做出合理调控，将改写的引导过程融于诗意的自主理解过程之中，使学生在诗意疏通之时既能从宏观轮廓上做出改写的框架，又能在微观上寻觅到灵性触角舒展的空间，消融单独辟出时间安排改写时学生的心理困窘。具体教学中，要注意以下几个方面：

1. 反复读图，功用多重

插图是诗词意境局部或瞬间的聚焦定格。正因为它定格的是局部或瞬间，所以拓展或想象的空间才尤为广阔。因此，它辅助学生对诗词进行理解之功不可小觑，所以既要将它读全读活，还要读出情趣，更要读得景语、情语、诗语圆融和谐，使之发挥多重之功效。

诗词的理解过程不妨先从引导学生读图开始。如对《清平乐·村居》这首词的学习，可以在学生正确流利地诵读之后，先引导学生说说图中的内容。教师要提醒学生按顺序进行观察，先将图上的景物读全、读活。所谓读全，就是先从整体上梳理出图上都描绘了哪些景物（小溪、荷叶、茅屋、柏树、鸡舍、豆田等），使学生有想象的凭借，改编时有生动的内容。所谓读活，就是要在景物梳理之后，再次细读图中的每个部分，驰骋自己的想象，调动自己的经验，将每个部分形象化、具体化、生动化。人摹其形，物绘其状（如描述门前的小溪时可能想到：清澈的、潺潺的、缓缓的、环绕茅屋的……），这样做，并不仅仅是为后面的改写搜集素材的过程，也是将诗（词）意的初步感知引向纵深的过程。

初读时将插图读全读活只能是对诗词内容初识及感知的过程，待到对诗词的意思经过疏通之后，还要引导学生“更上一层楼”，从图中读出情趣，使之情景相生，物我双会。渐入“一切景语皆情语”（王国维语）的和谐共生的境界。如对《清》这首词的词意疏通之后，就可以再次将图文结合，通过对插图的再次观察尤其是想象的介入，感受一家人其乐融融的情趣在景中的自然流露。如有的学生竟把茅舍旁一对成年鸡的扭头观望，天真地想象成那是对老夫妻酒醉逗趣融融其乐的羡慕或嫉妒。

2. 立足诗境，更寻突破

常规的诗意疏通，都有一个逐句翻译的过程。它可以为诗改文提供一个框架，但同时也存在着被框架所囿的问题。对待要改动的诗词，为了发散学生的思维，鼓励学生的独立思考，这个过程不宜过于精细，让学生不必循规蹈矩、拘泥呆板地直译。而且，对同一个句子还要鼓励学生的独特解释，直译诗句时可适当改变顺序。这样，改编之后的短文才能特色鲜明、不落窠臼。

3. 一点示范，面上发散

经过了对诗词的理解过程之后，事实上学生对诗词的改写已经有初步意象。若想改写之后的短文血肉丰满、趣味相生，还应该有一个点上示范的过程。如对这首词的改写，就可以分景和人两个部分，让一名学生先找一处进行描述，然后师生相互补充完善，使之既具体又圆融。如溪水滋润着的荷叶及荷花为茅屋增添的情趣，家人之间相互体谅关照等。这点上的引路，只是导向的作用，至于对整个诗意的“敷衍”及完善则需要八仙过海，各显神通，以避免千人一面问题的发生。

几个教学环节，相对于诗词的改写而言，看似“无为”，却很“有意”，只是将“无为”的训练目标潜藏在“有意”的活动情境——诗意理解的过程中，将改写的内容及形式又不露痕迹地“酥雨入地”，达到未成曲调先有情的境界，最后改写的过程学生才不会再对整体的筹划和局部的雕琢劳心费神，而是就诗词意境及情趣娓娓而谈，不同点只在于用笔言说。

附：学生习作

清平乐·村居（诗改文）

五年级（2）班　刘志岩

一条清澈见底的小溪潺潺地流淌着。小溪里长满了碧绿的荷叶，荷叶间冒出的几朵荷花，散发出迷人的芳香。又大又圆的叶子撑出了片片阴凉，为溪里嬉戏玩耍的小鱼儿遮住了炎炎烈日。

小溪旁有一座低小的茅屋，虽说窗户很小，但是能看得清一对白发苍苍的老爷爷、老奶奶一边品酒一边逗乐。茅草屋顶爬上了一株黑绿油亮的南瓜藤蔓，藤蔓中藏着几个黄中泛绿的大南瓜，不管怎么看，都给这小茅屋增加了很多色彩，添加了很多乐趣。倚屋而搭的鸡舍旁两只小鸡正在刨寻虫子。它们被二老的阵阵笑声吸引住了，不时地向窗子中望着，公鸡的脸膛被侬侬软软的吴地方言透出的温馨润得更红了。

要说最能干的就是大儿子了。他一早就来到了小溪东面的豆田里锄草。烈日当空，一丝风也没有。他头戴一顶草帽，甩掉上衣，脊背上渗满了细密的汗珠，实在太累了，就手扶着锄头喘息片刻。他仿佛看到了秋后颗颗籽粒饱满的豆荚，一家人围桌而坐、有说有笑的情景。

二儿子心灵手巧，正坐在院中间的柏树下编织着鸡笼。他可能也在想，自己虽然没有大哥那样身强力壮，但是也能做些力所能及的事情了。多编几个鸡笼，能拿到集市上换几个零钱，父母会高兴的。

全家人都疼爱的那就是二位老人家的小儿子了。他既淘气又顽皮，此时正趴在低小的屋檐下剥莲蓬吃，甜甜的浆汁顺着嘴角流了下来。他吃了一会儿，还留下几颗，放在小手心里数了又数，可能是留给爹娘和哥哥的，可是数一遍，就往自己的嘴里放一颗，等到站起身的时候，最后一颗也被他扔到了嘴里。

多么令人羡慕的农家生活啊！

莫把奇才束高阁

——《少年王勃》备课札记

苏教版三年级下册《少年王勃》一文的教学要求是这样表达的：理解课文内容，体会赣江“水天一色，霞鹜齐飞”之壮观、秀美的意象，感受少年王勃的才思敏捷，才华横溢。

按此要求，把诗文结合，读出江上迷人的景色，体会诗句的凝练。再寻根溯源，把客人的“你看看我，我看看你”和王勃的“凝望”“边看边想”相互对照，王勃的“胸有成竹、文思如泉、笔走如飞”便有了着落。如果再前推一点儿，还可以由“刚刚整修”得出王勃并无提前准备，而是即兴而就，这样使他横溢的才气更得展现。

这样教学，才能使学生对王勃的才思敏捷有所感受。如果三年级学生的这种感受随着读书越发强烈，会不会产生新的感受——王勃是天生的奇才，他永远站在滕王阁上，需仰视才见。如果这样的感觉出现，那么是否应该说教学促进了学生的发展呢？

王勃自幼聪慧好学，为时人所公认。杨炯《王勃集序》说：“九岁读颜氏《汉书》，撰《指瑕》十卷。十岁包综六经，成乎期月，悬然天得，自符音训。”从这段记载中，我们不难看出，无论他的著书还是立说，前提是读书，“下笔如有神”的灵感来自于“读破万卷书”的功夫。

宋人陈善《扪虱新话》卷六有云：“王勃《滕王阁序》‘落霞与孤鹜齐飞，秋水共长天一色’之语，当时无贤愚皆以为警绝，然予观庾信《马射赋》，已云‘落花与芝盖齐飞，杨柳共春旗一色’，则知王勃之语已有来处，然其句调雄杰，比旧为胜。”

其“句调雄杰，比旧为胜”，才成为千古名句，也是滕王阁先后修葺和重建28次的主要原因。但是，应该看到，青胜于蓝却出于蓝，站在巨人的肩膀上是因为首先亲近和熟悉了巨人。“当时无贤愚皆以为警绝”足以证明王勃的博闻强识。这样的灵感从何而来，朱光潜老先生说得极有韵味：“它们在潜意识中好比桑叶到了蚕腹，经过一番咀嚼组织而成丝，丝虽然已不是桑叶却是从桑叶变来的。”

再看教材47页右上角的图中，玲珑的假山石后一丛绿竹斜出，可见这并不在滕王阁上，而像是自家的后花园。王勃凝神观望，手中握卷。图画虽小，但却蕴涵很深，灵感来自于功夫，来自于时时处处的留心玩索。

所以，在教学时，要做一些适当的挖掘补充，追溯王勃“才思敏捷，才华横溢”的产生之源，那就是生活中洞明细微，学习上博闻强识。这样奇才才不会被束之高阁，反而拉近了与学生之间的距离，课后要求背诵的训练也才会变成学生的自觉行为。

母亲仅仅是点点头吗?

——《落花生》教学所思

人教版教材五年级上册《落花生》一文是著名作家许地山先生回忆“小时候，父亲曾以‘落花生’作比喻教育子女，给许地山留下了深刻印象”的事情。(课文所附资料袋)

种花生和收花生的过程虽然漫长，但作者惜墨如金。议花生只短短一个晚上，作者却浓墨重彩。每个人的语言均有涉及，父亲的话语虽多，平白却又耐人寻味——感觉得到却很难说得出。课后又安排了对重点句子进行交流体会的练习题，如何引导学生结合上下文将体会“浸入骨髓”又避免重复或改动原来词句呢？教学时，可以从“诗外”寻觅些幽径。

先猜度父亲的所为。

“那晚上天色不大好。可是父亲也来了，实在很难得。”引导学生结合上下文，猜想一下：“难得”的原因可能有哪些？父亲为什么要来？

这是从百度搜寻得到的一段话：许地山的父亲叫许南英，进士出身，是位爱国诗人，也是位颇受百姓爱戴的好官。中日甲午战争爆发后，他曾率领台湾人民苦撑危局，死守孤城台南。他将多年积蓄全部充作官饷，坚决抵抗日本侵略者的入侵。台湾被日本侵占后，他不愿被侵略者统治，就携眷搬到祖籍福建龙溪。在许地山十四五岁时，许南英出任广东省三水县县令，全家住在衙内大院里。他们家的后园有半亩空地，许地山的母亲建议开辟出来种花生。这就是课文中所写的事。

这样的资料其实不必对学生进行介绍，学生根据下文也可以猜得出来，父亲虽然很忙但不忘对子女的教育。可是作为一县的父母官，平时事务繁忙，他怎么知道此次回家并不在于品尝花生而又另有重任呢？对这个问题的破解，需要从有限的字符中对母亲的所为细加琢磨。

再留意母亲的行动

母亲说："让它荒着怪可惜的，你们那么爱吃花生，就开辟出来种花生吧。"

母亲说："今晚我们过一个收获节，请你们的父亲也来尝尝我们的新花生，好不好？"

母亲的两句话，并没有出现在议花生的热闹场面，既不含蓄也不深刻。只是对种花生和请父亲的一个提议。极有见地的建议说出来是那么轻柔温和，孩子们听后怎不欣然接受？

母亲把花生做成了好几样食品，还吩咐就在后园的茅亭里过这个节。

既然打算为花生的收获过节，总要有点与之相关的食品。不知道母亲如何烹饪，只是端上来的却有好几样。

虽是一家人，议花生的场面却很热烈，几个子女对花生的见解次第展开，父亲也审度导引。而母亲，见"我们都说是，母亲也点点头"。

"都说是"，意味着子女对父亲教育的认同并接受。接受的同时，对一言不发的母亲显然也留意了。但是这种留意仅仅是停留在母亲的"点点头"上吗？学生对这"点点头"是不是由留意到会意了呢？再读课文，联系前面母亲的言行再度琢磨，恐怕就会有新的发现了。

母亲就在践行着落花生的所为。

当看到"半亩空地"的时候，母亲其实就已经酝酿并实施着自己的"播种"计划了。征求意见之后的"买种，翻地，播种，浇地"的几个月里，子女们其实都"有用"了。

身体的磨炼是外在的砥砺，价值的认同才是内在的希冀。

于是，当收获的时候，母亲不但提议而且亲手做了几样食品并请父亲来品尝花生，但，醉翁之意不在酒。

当我们畅所欲言，当父亲语重心长的时候，母亲却沉默无语，当我们心灵收获的时候，母亲只是点点头。

不炫耀，不邀功，不以长者自居。但是，所有的场面，所有的过程，都离不得她，少不得她。而她，即使到了该言语的时候，也只是点点头，仅此而已。

难道母亲不就是那不事张扬、默默奉献的落花生吗？

有耐人寻味进行言传的父亲，更有身体力行的母亲，作者想不成为一个有用的人都难！

不作为乃信赖的基石

——《珍珠鸟》教学偶得

人教版教材五年级上册《珍珠鸟》是作家冯骥才的美文，细腻真挚地描写了他与一对珍珠鸟尤其是它们的雏儿的交往，字里行间熔铸着对珍珠鸟的喜爱。如果把作者对珍珠鸟做了什么的句子全找出来的话，竟有意想不到的收获。

我**很少**扒开叶蔓瞧它们，它们便渐渐敢伸出小脑袋瞅瞅我。我们就这样一点点熟悉了。

三个月后……我呢，**决不**掀开叶片往里看，连添食加水时**也不**睁大好奇的眼睛去惊动它们。

我**不管**它。

它先是离我较远，见我**不去**伤害它，便一点点挨近，然后蹦到我的杯子上，俯下头来喝茶，再偏过脸瞧瞧我的反应。

我**不动声色**地写，默默享受着这小家伙亲近的情意。

……

“决不、不管、不去、不动声色”里面竟都有“不”字。似乎冯骥才对幼小的珍珠鸟持的是一种不作为的态度。

这种不作为，换来的是什么？

渐渐它胆子大了，就落在我的书桌上。它先是离我较远，见我不去伤害它，便一点点挨近，然后蹦到我的杯子上，俯下头来喝茶，再偏过脸瞧瞧我的反应。我只是微微一笑，依旧写东西。它就放开胆子跑到稿纸上，绕着我的笔尖蹦来蹦去，跳动的小红爪子在纸上发出“嚓嚓”的响声。

简直肆无忌惮。

我用手抚一抚它细腻的绒毛，它也不怕，反而友好地啄两下我的手指。

更有甚者。

待一会儿，扭头看，这小家伙竟趴在我的肩头睡着了。

我们身边的小学生何尝不是那灵性十足的小小鸟。当他们雀跃地离开母亲的怀抱，来到一个新的环境的时候，不也是“伸出小脑袋”好奇地打量着我们，并试探地“蹦到我的杯子上，俯下头来喝茶，再偏过脸瞧瞧我的反应。”于是，做为师者的我们，总要精心呵护，这个示范，那个包办，千叮咛后面跟着万嘱咐。当他们刚伸出小脑袋打量，还没有自己判断的时候，我们就已经苦口婆心地告诉了他们许多个不允许。当他们“蹦到杯子上，俯下头”的时候，我们早就或阴或晴地反映出多少个那不行。前者，学生学会的是依赖，而不是信赖；后者，学生学会的是猜度，而不是分辨。

关注儿童文化的朱自强先生认为，儿童与学校本就是相冲突的两种文化。那么在这样的情况下，教师应该注意两点：一方面承认、尊重儿童无限的创造力、鲜活的天性；另一方面为了帮助学生语文素养的提升，应该采用顺应儿童天性的教学方法。

其实，小学生远没有人们想象的那么简单，也远没有人们想象的那么复杂。

儿童教育家蒙台梭利认为，现代儿童教育存在的一个误区就是把儿童看成一个空的容器，教育者的责任是用成人的知识和经验来尽量装满它。其实，蒙台梭利和重视儿童内在潜能激发的思想家卢梭等人的观点是一致的：儿童与生俱来拥有灵性，正因为如此，儿童的发展才成为一种可能。

难怪老子的无为而治是一种上境，可有几位老师能忍受自己的无为呢？

溯泉水之源，觅珍珠之美

——《珍珠泉》教后反思

人教版教材三年级下册《珍珠泉》一文是略读课文，描写了家乡山林中一眼美丽的清泉，写出了泉水的深和绿及冒不完的水泡，抒发了作者对大自然景观的赞美之情，表达了对家乡热爱的感情。课文是按珍珠泉的所在位置、潭水的四周和泉水涌动的特点，以及“我”对家乡泉水喜爱的顺序写的。本文在表达上抓住了有特点的景物，描写细腻生动，用词优美。同时，作者对家乡的感情充溢其间，富于感染力。选编这篇课文的目的，一是让学生在自读自悟中，了解珍珠泉的美丽景色，感受作者对大自然和家乡的热爱之情；二是让学生了解叙述顺序，积累课文优美语言。

以上仅就本篇课文而言。如果我们从单元的角度再去审视课文，就会发现，本单元总的教学要求中，首先要通过对课文的学习感受大自然的美好。北方的农村如此奇丽斑斓的泉水固然少见，但是，“大绒团”似的“小山包”、“弯弯曲曲”的小路、清清的溪水、鱼儿嬉戏令人神驰的小河还是随处可见的。

可是，对于三年级的孩子而言，家乡景物的特点，他们能抓得住，但是未必写得出。由于他们积累有限，不知如何把特点写形象、写具体。可能是针对这一共性问题，编者有意设计了说写家乡景物的言语训练。

“口语交际”中提出了这样的要求：“讲清这处风景在什么地方，有哪些特点，要表达出对家乡喜爱的感情。”这一交际的具体要求不正是本文的叙述特点吗？从这个角度再去看本课的教学，如果对这篇课文的学习仅仅满足于读懂写了什么，那么它在单元的应有位置和作用就没有得到确认和强化。所以，我们应该从怎样写的角度去关照探究课文的学习，从写法上给口语交际和习作予以参照。

基于这样的想法，我在教学本文的过程中，先给予学生充分的读书时间，并在他们读得正确流利的基础上，提出了这样的问题：“课文写出了珍珠泉水的特点，如果用这样简练的句子来写，大家听听怎么样：‘水是那样绿，水是那样深，又那样清。’？”我的问题提出之后，不少学生急于回答，但我让他们又读了一遍课文，然后才让他们把自己的意思完整地表述出来。学生读过之后，得出了这样的答案：老师的句子是比较简练，但是，课文如果这样写，人们就想象不到珍珠泉水绿和清到什么程度了。我又顺势提出：“如果也想写出泉水绿和清的程度，能不能换成这样的句子：‘清得能看见石头，能看见沙粒和树叶。’？”学生又读了读，这回明白的是：如果写清楚景物的特点，景物的位置、颜色、形状也应该写清楚。学生找了些门道，我又让他们自己读后面的段落，找一找还有没有这样的句子，画一画，读一读。这回学生的读书似乎寻了些线索，悟到一些门路了。

修辞手法的适当运用对于文章无疑会锦上添花。而修辞手法的运用需要合理而大胆的想象，小学阶段的教学虽然不提倡语言知识的系统性，但是通过言语实例让学生体会却是应该在教学中予以关注的。本文的作者除了用细腻的笔法描摹自己的观察之外，对拟人写法的运用也是一个特色。“开始，水泡很小，摇晃着越升越高，越来越大，最后在水面绽开了，在扑哧一笑中消失了。”这个句子形象而具体地将水泡从涌出到消失的过程再现了出来。如何让学生在读中体会呢？当学生读到这个句子的时候，我创设了一个小小的情境：“同学们，现在你们就是那一个个晶莹饱满的小水泡，你能把自己变化的过程摇晃地读出来吗？”学生读时开始声音压得很低，仿佛自己真是刚刚从泉源冒出来——水泡很小。接着身子开始晃动，摇晃得幅度也越来越大，笑脸也渐渐绽开，虽然最后“扑哧”了一声，但是那灿烂的笑却怎么也“消失”不了。这时候，我问道：“如果换成‘开始，水泡很小，越来越高，越来越大，最后消失了。’你还有现在这样灿烂的笑容吗?”学生也自然明白了拟人的妙用效果了。

水泡冒出来了，最后总要让他们成为“一串串彩色的珍珠”。“同学们，现在你想一想，我们除了在读中感受到大自然的美好之外，还在写法上收获了哪些珍珠呢?”于是，课堂上泛起的“水泡”不但熠熠生辉，还连缀成串呢！

让托月的云厚起来

——《燕子专列》教学后记

人教版教材三年级下册《燕子专列》一文的课后安排了这样一个练习：我们来读读下面的句子，说说从带点的词语中体会到了什么？

居民纷纷走出家门，冒着料峭的春寒，顶着满天飞舞的大雪，踏着冻得坚硬的山路，四处寻找冻僵的燕子。

此题目的设计，目的在于落实“体会关键词语的表情达意方面的作用”。几个词语的运用，表明了瑞士人民在听到政府的呼吁之后焦急的心情，也呈现了瑞士人民当时不怕恶劣天气救助燕子的具体行动，字里行间蕴涵着人们对燕子朋友般真挚的同情与关爱。

但是，这种体会如何通过具体的文字，以及文字营造的意象，唤起学生那颗天真善良的心去与文本、与作者来一番心灵晤对呢？

按课文的叙述顺序，这段文字在课文的第三自然段，如果要让学生达到与文本、与作者心灵晤对的程度，恐怕还是要应该自然地踩稳两层台阶，才能顺理成章地达到“心随我动”的层次。

初读课文之后，学生从情感上自然能感觉到瑞士政府和人民对燕子的朋友般的爱。所以对第一段的学习，就要将这种博爱、真爱具体到词语中来。学生自读课文，对这种情感的升发可以从“漂亮舒适”“站满”“送行”等词语之中开始。这是情感升发的第一层台阶。

是否能进入“气温骤降，风雪不止”的环境之中，这是思维开启、真情流露的关键。教学的时候，教师有必要引导学生在这层台阶上停一停，让他们将自己置身于料峭的春寒之中，化身于长途跋涉的小燕子，为后面的体会做足铺垫。

师：请大家自己默读课文，画出描写当时天气的句子。

（生读书勾画。）

师：你读一读后面的课文，再找一找与天气有关的词句。（满天飞舞、冻得坚硬……）

师：再读一读课文，将描写燕子的词语画出来。（长途跋涉、非常疲劳、饥寒交迫、濒临死亡）

师：透过找到的这些描写天气和燕子的词语，请大家想象，你眼前的燕子会是什么样子？（为了使学生描述的形象鲜活，叙述具体，此时，可以与第一课中描写燕子外形的词句适当联系，如乌黑光亮的羽毛上落满了雪花，身体的温度将其融化，遇到寒风又结成了冰甲，身子越来越沉，再加上腹中无食，我的眼前一片昏暗，渐渐地从天空坠落下来，剪刀似的尾巴只得合拢，身体蜷缩成一团……）

师：此时，你如果是那风雪中的燕子，会想到什么？请你把自己的这些感受通过朗读表现出来。读后请大家想一想，如果你就是当地的居民，当知道自己的朋友此时的遭遇的时候，你的心情是怎样的，你会做些什么？

经历了燕子的痛苦和瑞士人们焦急的双重情感体验之后，学生便"纷纷走出家门……四处寻找燕子"。

为了使学生走出家门的心情再急切些，后面的课文有两个切入点还可以用。第一个，是一个词——呼吁。查找字典可以知道，呼吁的意思是向个人或社会申述，请求援助或主持公道。那么，政府会怎样呼吁？既然是一种申述、请求，瑞士人民的反映会是怎样的？（政府和人民的善良博爱都可以通过这一个词来体会）第二个，是课文的插图。结合课文，调用想象，描述那里的天气和小姑娘救助的一连串动作。这项内容的进行为后面的《写给×××的一封信》做了铺垫。

如此进行，自然地跨上了第三层台阶。此时，当读到人们和小姑娘的表现的时候，再不会感到惊奇。因为瑞士人民的心目中，燕子就是他们的朋友，朋友有了困难怎能袖手旁观，自己遇到的困难和朋友的相比，简直是微不足道。

烘云是为了托月。整个学习过程，不但是学生体会文字意蕴的过程，更是对作者写作特点（环境描写与人物特点的关系）感知和接受的过程。

附：学生习作

给贝蒂的一封信

三年级（5）班　李晨

亲爱的贝蒂姐姐：

您好！

谢谢您！在我被风雪包围的时候，被风雪截断了食源的时候，是您，雪中送炭，给了我们第二次生命。现在我还清楚地记着，我那天飞入了你们的国家，因为长途飞行，所以饿得有气无力。我在那里找了好长时间，连一只虫子也没有找到，饥寒交迫，所以从天空掉下来了。那时候已经不能动了。过了一会儿，我发现您跑过来，开始还以为是来抓我的，我拼命挣扎，可是浑身一点力气也没有了，只好绝望地等着就擒了。谁知您过来跪在地上，把我捧在手里，凑近您的嘴巴，用那哈气为我取暖。我看见您虽然穿着红棉袄，围着浅绿的围巾，可是您被冻得直哆嗦，手冻得僵硬，脸冻得通红。

当我们被送上火车时，七嘴八舌地嚷嚷着。有的说是被老大爷救的，有的说是被老奶奶救出的，而我说是被您救的。我要在这里衷心地祝福你们全家快乐，事事顺心。也替我们谢谢那些帮助过我们的好心人。

此致

敬礼

被您救过的小燕子

2007年3月30日

让“高尚”和“无知”倾情对话

——《路旁的橡树》教学札记

人教版教材三年级下册第二组课文是以环保主题结篇的。四篇课文从不同的角度、不同的侧面，以具体生动的实例引导学生去感受保护环境的重要性以及他人为保护环境所作出的努力，使其在内心深处、在情感态度价值观层面有所触动和感悟。

编者用心良苦，在一组课文中安排了两篇做法相悖的课文，主人公都是生活在社会中的一员，对待的都是周围环境中常见到的树，但是，意识不同，导致做法不一，结果自然也就不同了。只不过，这需要相互联系，相互映照。

针对两篇课文语言朴实、含意深刻的特点，教师在《路旁的橡树》的教学接近尾声之时，回过头，安排了两个口语交际和习作的训练内容。

1. 幸免于难的村民

洪水咆哮着冲走了小村庄的一切，但是也有几个人幸免于难，他们从洪流中狼狈地爬上了岸，他们会说些什么?

2. 公路修到小村庄

学完《路旁的橡树》，教师创设了如下情境：公路在朝前延伸，终于修到了小村庄，这一天工程师和工人正准备开工，忽然看到几个年轻人手里拎着斧头朝村后的山上走去，他们很奇怪，于是就走上前……

两个情境的创设，目的在于转化学生对文本的理解，将朴实语言后面的“无言之美”揭示出来，使学生的知识与能力、情感态度与价值观再上一个新的层次。

附：学生习作一篇

幸免于难的人

三年级（1）班　褚国梁

在雨水奇多的八月，大雨没喘气儿，一直下了五天五夜，到了第六天黎明的时候才停下来。可是，小村庄不知被卷到哪里去了。有这么几个年轻人，他们抱住了木桩逃过了这一灾难。他们用了九牛二虎之力才到了岸上，打算到别处谋生。经过长途跋涉，他们最后到了一处修路的工地，只见工程师正和工人们商量着怎样处理一棵结实挺拔的橡树。

这几个人不愿看到别人也像自己一样，于是就走到筑路工人面前说：“不能砍这棵树。”工人们都问他们为什么？他们说以前我们的小村庄十分美丽，山上树木郁郁葱葱，天空湛蓝深远，河水清澈见底，可是由于我们一年年一代代的砍树，山上出现了裸露的黄土，山上的树木不断减少，裸露的土地不断扩大，最后天空变得浑黄，空气恶臭，河水浑浊不堪，最后小村庄被河水冲走了。工人们听了长长地叹了一口气，工程师也深受触动，他拿出楔子放在了离橡树一百米远的地方，说：“这样就没有人责备我们了。”

过了几年，一条宽阔的沥青公路从北方延伸到南方，它像箭一样直，但在一个地方却弯曲成马蹄形。坐车过往的人，看了这棵橡树都不约而同地赞叹：“筑这条路的人一定有一颗高尚的心。”

还有更重要的

——《检阅》教学后记

人教版教材三年级下册《检阅》一文，通过儿童队员在国庆阅兵时将身有残疾靠拄拐行走的同学博莱克放在队伍的前排，得到了检阅人群一致喝彩的事情，表现了儿童队员平等的人权意识，赞扬了博莱克的自尊自强。

帮助学生理解课文内容，让他们在阅读中体会人物心理的变化，并有感情地朗读课文，是本课学习的重点。教材特意安排了一个课后问题：观众为什么说“这个小伙子真棒!”“这些小伙子真棒!”？这个问题其实就是教学目标的具体化，让学生能够联系上下文读懂两句话相同之点，不同之处，就是对教学目标的具体落实。

在学生将课文读正确读流利的基础上，我没有按课文的叙述顺序让学生进行精读感悟，而是以问题辐射全文，建立上下文之间的联系，以问促读，咬文嚼字，体会重点词句的表达效果。

首先要读懂的是“这个小伙子真棒!”这句话。让学生默读勾画，找一找描写博莱克的词句，想一想这句话的意思。学生读书之后，我并没有急于找他们做出回答，而是再次引学生进入人物内心情感的世界，创设了下面的情境：“同学们，如果你是身有残疾的博莱克，当听说有国家领导人和外宾要进行队伍检阅的时候，你的心里会怎么想?”对这个问题的回答事实上有“前经验”的参与，学生上学期学过类似的课文《掌声》，课文中对英子自卑心理的描写特别细致，这篇课文中也有同学们的内心活动。如果学生能将自己的感受自然地和他人的感受联系在一起，就会了解博莱克此时复杂而矛盾的内心世界。“这样的活动，真是盛况空前，能参加该有多好啊!”“可是我拄着拐怎么能走进队伍呢？为了集体的荣誉，同学们不会答应我参加的。就是答应我参加，我也不能去，我不能给自己的班级丢脸。”这是学生读后的感悟，是对文本“看来，他肯定忘记了自己在拄拐”的一个补充。这时，找到描写检阅时博莱克的表现的句子，让学生读一读。学生此时的感受还停留在字面上，还没有进入博莱克此时的状态。这时候，可以组织学生看课文的插图，用自己的话说说图中接受检阅的是一支怎样的队伍。为什么要“目视右方”？博莱克的表情是怎样的？问题虽然提出来了，但是我没有让学生回答，而是再次创设情境：假若你就是当时的博莱克，当你站在队伍第一排的时候，你会怎样想？写在书的空白处。有同学这样写：我的腿已经被截肢了，同学们应该不让我参加检阅，可是没想到同学们竟然把我放在第一排，同学们这样信任我，我一定要挺直胸脯，为队伍争光。还有的同学这样写：我一定要为自己加油，为我们队争光，不能因为我而让我们队通不过检阅，一定要努力！当学生沉浸在博莱克的幸福之中的时候，我让他们再次朗读描写检阅时博莱克神情的句子，这时，同学们读得铿锵有力，此时，接受检阅的并不是博莱克，而是他们。对博莱克在队伍中的表现的体悟，学生通过插图和文字的对照，通过设身处地的体验，达到了高峰。此时的任何说教都是苍白无力的，只有一个办法——大声地朗读，尽管有些声嘶力竭。

对第一个句子的体验过程使学生找到了体验第二个句子的办法。于是，不用再提任何要求，学生自己主动去寻找和儿童队员有关的词句。这个过程中通过和前面“鸦雀无声”和“沉默”的联系，学生不但读懂了两个词语的意思，还体会到同学们焦灼而矛盾的内心；通过对“仍然”“一般”“羡慕”“情不自禁”等词语的理解和体会，学生对儿童队员们对博莱克的尊重和爱护有了自己的感悟，学习的状态越来越投入。这时，一个叫李晨的孩子站了起来，显得急不可耐，他边举着手边说：

“老师，我觉得还有一个更重要的词，那就是‘重要’。”由于教室里有的同学还要汇报，有的对他说的话没有听得清楚，既使听到的也一时搞不明白，所以有的学生还笑了起来，“什么‘重要’啊?”我也一时没有听明白他的意思。

这时，他把课文的第三自然段又读了一遍：“一些事情已经商定，可是从大家的表情可以看出来，还有重要的事情需要商量，但是谁都不愿意第一个开口。”读完之后，他做了这样的解释：“通过‘重要’这个词，我知道了这些儿童队员把博莱克的事情当成了重要的事情，对他非常重视。”听了他的解释，我又迅速扫了一眼课文，知道：这个孩子的体验是对的，只不过还要深入一步。这时，我让学生都来读一读这个句子。等他们读完之后，我提出了这样一个问题：“前两天，我们刚刚进行了体操比赛，在比赛的前夕，我们每个班里最重要的事情是什么?”“是忙着练习。”“纠正个别同学的错误姿势。”“反复练习，争取得到好成绩。”那么我们再来读一读这个句子，看看他们把什么当成了最重要的事情？此遍读书，学生对“重要”的作用真有所感悟了：是的，博莱克能不能参加检阅，比检阅的过程更重要，这就是对平等、尊重最好的解读。而这个解读恰恰是同学们认为回答有些可笑的李晨发现的……

对这篇课文的学习，还可以将其设计成一个小练笔，那就是《通知博莱克》，想象一下同学们怎样劝说他，怎样做他的工作的。

让爱的甘泉滋润人间

——《七颗钻石》教学后记

《七颗钻石》是人教版教材三年级下册的一篇文章。

伴着金罐里跳出的一股清冽的水流，学生们的思维之泉澄明清澈，泛着奇异的水花，驰骋的思绪在脑海中神游、激荡。

“妈妈怎么样了？”

“这是真的吗？”

“那些干涸的河流、干枯的树木花草有救了吗？”

“那只落在枯枝上的乌鸦是惊讶还是口渴了呢？”

……

学生议论纷纷，透亮的眸子里分明是“焦渴”的眼神。

“是的，当过路人手捧着的金水罐忽然涌出一股清澈新鲜的水流的时候？小姑娘可能会想到那还在床上昏迷着的妈妈，当一杯甘甜的清水捧过来的时候，她喝下去会有什么变化呢？

“妈妈的病好啦？”

“多么善良的渴盼，相信每一位同学此时都会这样默默地祝福着妈妈。我们如果不直接说妈妈的病好了，而用她的神情、动作能不能来表现呢？”

“妈妈的苍白的脸红扑扑的了。”

“红扑扑不准确，应该说红润。”

……

学生越说越兴奋，小脸也红润了。

“除了妈妈有变化，周围的人、动物、植物有没有变化呢？整个地球会不会有变化呢？请你运用你那神奇善意的想象，把后面的事情写下吧。”

学生迅速拿出习作练习本。爱的甘泉从学生的心眼里涌出。

附：学生习作

七颗钻石（续）

三年级（1）班　李继超

老人接过水喝完之后，说：“快去给你生病的母亲喝点吧。”小姑娘给母亲喝完之后，母亲竟然神奇地从床上坐起来了，满脸的皱纹舒展开了，脸再不苍白，血能痛痛快快地流动了，嘴唇也不干裂了。她给小狗喝了之后，小狗也高了许多。给院外的乌鸦喝了之后，它飞得更高了，还能唱动听的歌。小姑娘背了一桶水，小狗驮了一桶水，挨家挨户去救村民们。得救的村民都夸小姑娘心地特别善良，剩了半桶水，小姑娘和小狗又去救植物和小河了，他们俩来到了小河边，往没有水的小河倒了点水，突然出现了一道奇异的光，接着光又变成了小河，河水淙淙地流着，还发出叮叮咚咚的响声，河两边的树茂盛了，草绿了，花红了，满山遍野都是生机勃勃的景象，小姑娘和小狗蹦蹦跳跳地回家了。

七颗钻石（续）

三年级（2）班　黄菊

这时，突然有七颗钻石从水罐里跳了出来，接着就从里面涌出了清澈新鲜的水流。在场的人又惊又喜，小女孩情不自禁地跳了起来，这时她想到了床上的妈妈，就赶紧接了一杯水给妈妈，妈妈咕咚咕咚地喝完了。小女孩就马上又接了几杯水给了过路人、小狗和树上的乌鸦，小狗和乌鸦高兴地笑了起来，过路人也笑了，小女孩跑到屋里去看妈妈，她刚进去就尖叫了一声，原来妈妈的病情大有好转。小女孩马上又给妈妈端了一杯水，妈妈喝下这一杯水，不可思议的事情又发生了，妈妈的脸红润了，她那苍白的嘴唇有血色了。让小女孩更想不到的是，妈妈竟然坐了起来，小女孩刚想扶妈妈下地的时候，却见妈妈摆摆手，自己站了起来。她也拿起了那只杯子，慢慢地接了满满地一杯水，向小女孩走来，慈爱地对小女孩说："女儿，你一定渴了，喝一杯水吧。"小女孩高兴地端起了杯子，一口气喝了下去。"真甜啊，谢谢妈妈！这时，过路人感动地流下了泪，小狗和乌鸦也围着母女俩跳着、飞着。

雨过也绸缪

——《秋天的雨》教学后记

一场秋雨悄悄地降临了。

第二天，经过宿舍楼的室外楼梯，雨还在淅淅沥沥。空气不但沁人，连眼前那熟悉的世界也焕然一新：垂柳吐翠，草地展碧，花儿争艳……“秋天的雨，是一把钥匙。它带着清凉和温柔，轻轻地，轻轻地，趁你没留意，把秋天的大门打开了。”见到了眼前的景色，我忽然想到了人教版教材三年级上册第三单元的《秋天的雨》这篇课文。

早读的时候，我让孩子们说雨。

“同学们，今天清晨，当我们再次站在教学楼前的时候，你有什么新的发现吗?”本想一石激起千层浪，没想到一潭秋水了无声息。我忽然想到，对于秋天，对于秋雨，尤其是农村的孩子，他们太熟悉了。但是，越熟悉的事物，孩子们越难以准确描述，可能这就是所谓的熟视无睹、视而不见吧。

于是，我不得不把问题问得具体一点。“当你站在教学楼前的时候，你的那一双慧眼就没有发现新的色彩吗?”听到色彩，学生们的眼睛亮了，有几个学生陆续举起了小手。“有，垂柳的叶子更绿了。”“小草也更绿了”。学生的观察和回答总是很“宏观”。“当你走近它们的时候，会有什么新的发现呢?”我顺势而导。“有小水滴。”快嘴的雪松抢着说。“能不能说个打比方的句子呢?”她想了想，说，“一场秋雨过后，垂柳的叶子上挂着晶莹的露珠。”“说得真美。”我赶紧为这擦燃的微弱火花

“浇油”。“老师，花坛里的花更鲜艳了。”“人工草坪也绿油油的啦。”……总算找到了感觉，学生汇集着自己熟悉而新奇的发现。最后学习委员张学佳把大家的发现收拢成一段话：“今天早晨，一场秋雨悄悄地降临了。当我们站在教学楼前的时候，脚下的大理石地面像刚刚洗过了澡，遍身红润。抬头看，花坛里的花更鲜艳了，一串串红得似火，黄得如金，垂柳的叶子上滚动着晶莹的露珠……”一段话中虽然渗入了我的“雨滴”，但是总能编织成一点意象了。

“同学们，有一位有心人，他也刚刚经过一场秋雨，可是他却感到了秋雨的神奇，请同学们快速打开课本 42 页，看看作者经历的这场秋雨，除了带来了缤纷的色彩，还带来了什么?”学生饶有兴趣地翻开课文，怀着一种期待，轻轻地读了起来。

由于有教学前的铺垫，学生对于秋雨带来的色彩理解起来轻松了许多。让学生通过读书勾画出描写各种颜色的词语，我在学生汇报间隙用相应的彩色粉笔板书；学生对此心领神会，也能在朗读时有意强调。

但是，本课教学的主要任务是让学生体会秋天的美好，感受课文的语言美。此时，学生最初对秋雨的描述产生了作用。“同学们，请再读一读课文，找一找你认为最有趣的句子，找一找我们刚刚叙述的时候有此意而说不出的句子。”刚刚提出这个问题，学生就纷纷找到了课文作者运用的比喻句和拟人句。学生找到了这些句子，对这些句子的运用之妙也只能是意会而难以言传。怎么办？还是通过感情朗读把这种体会流露出来。“读‘扇哪扇哪’和‘飘哇飘哇’的时候，哪个快一些，哪个慢一些?”“你想象中的橘子娃娃，菊花仙子会是什么样的?”随着对这些问题的回答，学生的朗读变得有声有色，此时的情感已由体会变得流露了。

对于这篇课文，教学至此，可以算做完成基本的教学任务了。但是，对于语文教学、语文学习，感受、理解、积累语言只是过程，模仿以至创造性地运用才是目的。当学生还沉浸在课文所叙述的秋天的色彩之美的时候，我又让学生重复了早上刚刚说过的一段话，然后让学生比较，说一说，如果把景色描写得鲜明生动，应该怎样做？学生明白了，应该恰当地运用比喻句和拟人句。这时，引导他们想象此时山间、农田的景象，练习运用比喻句说一说。学生说的虽然只是只言片语，但是能说出“我站在高山之上，放眼远眺，只见田野就像金色的地毯。”“金黄的谷穗沉甸甸的笑弯了腰。”“红红的高粱像一只只火炬。”诸如此类的句子。

学生在愉悦的氛围中完成了理解和积累的任务，张张小脸露出了灿烂的笑容。回顾整个教学过程，如果说本次教学有点成功的话，那就是落实了新课程的一个基本理念——要让课程走向生活，课程要面向儿童的生活世界和社会实践，教学活动必须尊重学生的已有知识与经验。本课的教学，就是利用随机偶发的秋雨降临事件唤醒了学生沉睡的生活积淀，将学生简单而苍白的生活语言和课文优美的语言进行对比，从而使他们平静的心海激起点点涟漪，并在盎然的情绪中完成对课文优美语言的理解、同构，达到吸收、积累和运用之效，为孩子们今后的观察和习作提供了方向性的引导。

相信学生会对《秋天的雨》一文有全新的认识，相信学生会对课文的语言产生亲切之感。语言学习的经验告诉我们：语言与学生精神世界的联系越广泛，它就越难被遗忘，越容易被提取；语言与学生精神世界的联系越紧密，其活性就越强，再生功能就越大。

隧道为何“弯弯曲曲”

——《蟋蟀的住宅》教学反思

《蟋蟀的住宅》是人教版教材四年级上册的一篇课文。

“能联系上下文，理解词句的意思，体会课文中关键词句在表达情意方面的作用。”这是中年级的阅读要求。基于此，课后练习设计了如下问题：“我有一些问题想和大家讨论：从哪些地方可以看出蟋蟀‘不肯随遇而安’？它的住宅为什么可以算是‘伟大的工程’？”为了使此项训练落到实处，我把“从哪些地方可以看出蟋蟀‘不肯随遇而安’？”作为一个涵盖全篇的主问题，要求学生默读思考，从课文中找出相关的语句进行说明。

学习本句话所在的第二自然段时，学生容易得出答案。可从后面描写蟋蟀住宅的选址、样子、如何挖掘部分中找出相应的词句并非易事。它需要学生静心思考，读出文中似乎平常的词语背后不平常的含义。为了让学生的理解有所凭依，我先以第五段为例，进行了师生共读汇报讨论的过程。

师：我们来请一位同学读一读课文的第五自然段，其他的同学请边听边想，这一段课文讲了什么内容？有没有能表现蟋蟀不肯随遇而安的词句？

生：这段课文讲了蟋蟀的样子。

生：还讲了蟋蟀将自己的住宅修在什么地方。

师：能不能将两方面的内容合并在一起说呢？

此遍读文，目的在于让学生读懂字面意思，读懂自然段的内容。同时，也为他们进一步读书思考奠定了基础。

师：现在请同学们默读课文的第一句，边读边想，你从第一句话中的哪个词能看出蟋蟀的不肯随遇而安？

生：我从“隐藏”的这个词中能读出蟋蟀对住宅不肯随遇而安。因为课文前面说了，它常常慎重地选择住址，把自己的住宅用青草丛隐藏起来，就是慎重，就是为了安全，所以能看出它不肯随遇而安。

师：你读得很细心，也做了深入体会。“隐藏”这个词从表面上看是讲住宅特点的，其实我们用心思考，就会明白蟋蟀多么聪明，它在修建住宅之前早就考虑到住宅的安全性，所以才选择了用青草丛“隐藏”。法布尔也早意识到了这一点，所以在做记录的时候，特意选择了这个词语。我们读书时一定要透过字面读懂背后的内涵。

生：我还能从后面课文中找到这样的词语。如“弯弯曲曲”，从这个词中也能看出蟋蟀是故意这样做的，它把住宅隧道修建得弯弯曲曲的，目的也是为了安全。

生：我想补充。“弯弯曲曲”的隧道，一方面是为了安全，同时也是为了防水。如果有骤雨，蟋蟀完全可以在隧道拐弯的地方把水截住。

生：我也想补充。弯弯曲曲的隧道除了把水截住之外，也会使一部分水在弯弯曲曲的地方渗下去，这样它的住宅就很容易保持干燥、清洁的。

生：如果有敌人来袭击，进入这样弯弯曲曲的隧道也不会找到蟋蟀的。

……

反思：抓阅读教学过程的核心就是抓学生在阅读中的思维过程。学生的思维过程是一个由表及里、由浅入深的发展过程，这个发展过程离不开教师的导引之功。而教师的导引，犹如引领猎奇的游客进入曲径探幽的一点烛光，既闪耀了周围的奇丽，唤起了学生一种柳暗花明的期待，又朦胧了前方的幽境，勾起了学生欲罢不能的强烈探求。这个教学片段引导学生拨开掩在语言现象上的“青草丛”，将段与段、句与句、词与词之间的联系贯通，揣摩到了词语的内涵，准确地把握了其在一定语言环境中所表达的特定含意，理解了词语的弦外音，言外意，使联系上下文理解词语和领悟作者的表达之妙自然地融为一体。

由“大峡谷”到“小学校”

——《雅鲁藏布大峡谷》教后再记

来到一所新的学校，接班之初，学校负责教学工作的边校长就将班级需要着力之处指点于我：“这个班的学生都挺可爱，只是在习作上要下一番功夫。”于是，备课教学之时我要多一分心机——寻找课文中的习作“因子”。

人教版教材四年级上《雅鲁藏布大峡谷》一文为了给读者留下鲜活可感的印象，首先介绍了雅鲁藏布大峡谷所处的地理位置。接着，课文运用数字比较的方式有力地说明了大峡谷是世界第一大峡谷的事实。然后，课文从大峡谷的雪山冰川、原始林海以及生物的多样性等方面描绘了峡谷的奇异景观。在琢磨如何引领学生朗读体会之时，忽然感觉到，自己到学校的第一感觉——虽小但景色美丽、功能齐备。学生会不会有此感受呢？会不会发现、体验身边的美呢？

让学生在阅读感受雅鲁藏布大峡谷景色奇丽的同时，对本文的写法有所感悟，并尝试仿写，成了我教学之前思考的问题。

学生自读第一段之后，理解到是写大峡谷的地理位置的。我很随意地问道：“向别人介绍一处景物，总要先说清它的具体位置，如果别人对你介绍的景物有兴趣，说不定也会按照你说的地点去看一看，玩一玩呢。老师这学期刚刚来到我们这所学校，对我们学校的地理位置还不是很熟悉，就知道我们学校北面是东胜区的火车站，你能将学校的具体位置说与老师听吗？”

“老师，您如果下了火车，沿着小路穿过车站南侧的小区，下了几层台阶朝左一拐就到我们东胜区铁路学校了。”

“我们的学校有什么特点能够吸引人们来参观呢?”

“我们的学校虽不大，但是很美丽。”

“我们的学校虽小，但是功能齐全。”

“别看我们的学校校园不引人注目，但是教学质量却是东胜区最棒的。”

话题又回到课文中。课文第二段采用的列举数字、运用比较的写法究竟有何妙用，仅凭朗读是体味不到的。于是，我将这种写法和“资料袋”的内容结合起来，并做了几道减法题，就让学生感觉到数字和比较的说服力了。再次触及学生的生活，让他们把自己的学校和周边的学校比较一下，虽然他们不能提供具体准确的数字用来佐证自己所说的内容，但“几分之几”“一半大小”等大体比较学生还是能把握的。

再次回到课文中时，部分学生就对写法有所留意了，尤其是对“从……到……”的句式颇感兴趣。在仿照课文对学校进行描述时，学生左思右想，从每人一机的机房到画面清晰的多媒体教室，从潺潺流水的假山瀑布到品种繁多的种植乐园……这样，对学校美丽及功能齐全的特点的表现总算在学生那里有了着落。

一节课下来，学生既领略了大峡谷展现的风采，又游览了自己熟悉的学校，且寻到了美丽，觅到了快乐。

反思：叶老说过，“教材无非是例子”。可例子究竟如何利用？对于有些课文而言，确实应以诵读欣赏为主，借以理解和积累规范经典的语言。但是，有的课文确有双重功效，既需阅读理解，又要学习运用，且理解仅是手段，运用才是目的。尤其是面对习作有困难的学生，有效挖掘课文中的习作“因子”，使学生的习作在阅读教学之中有所模仿，有所依凭，提高写作能力。

附：学生习作

我们的学校

四年级（2）班　田波

我们的学校很隐蔽，不熟悉的人很难找得到。

我们的学校在鄂尔多斯市东胜区，如果你是乘火车来的，找起来就方便多了。下了火车，走进车站北侧的第一个小区，沿着小路走下石阶往左一拐，你就能看见“铁路学校”那四个金灿灿的大字了。

我们的学校面积很小，东联学校能顶得上四个我们的学校的面积。

麻雀虽小，但是五脏俱全。我们的学校有硬化过的操场，有镌刻着古诗的假山。到了夏天，那玲珑的假山正面会有帘帘飞瀑，瀑布流到山脚下，会形成一股小溪流入假山边的菜园。菜园里有红胡子的玉米，胖娃娃般的白菜，羞红了脸的西红柿呢。

操场南侧还有几个鲜花盛开的窄窄的花坛。花坛里有许多蜜蜂和蝴蝶，我注意地看着，眼睛应接不暇，看清了这只，又错过了那只，看见了那只，另一只又飞起来了。一只五颜六色的蝴蝶飞了起来，被我们的掌声一吓，竟在花坛上翩翩起舞，那舞跳得真好看。

我们校园里既有自己动手做手工的实验室，又有网上浏览的电脑房。

上课时，我们的校园里书声琅琅；下课时，我们的校园里欢声笑语。

我喜欢我的学校。

反思：两点遗憾。第一点是，我由于刚来这所学校，对学校还不熟悉，因而不能给学生提供准确的数字，课下才从网上寻到了一组数据。如果提前查找并适时出示，学生在描写学校面积小的特点时会运用上有说服力的数据。另一点是，学完课文之后，就安排了学生在日记中写作，待到习作课上，又结合《鸟的天堂》一课中的仿段指导学生进行了修改，但仅给了一节课时间，虽然学生都有仿段的内容，但有些孩子的习作不能像田波的这样自然衔接。

从课后问题的角度看《去年的树》

——《去年的树》教学札记

人教版教材四年级上册中童话《去年的树》篇幅短小，文字朴实，初读并不会给人留下什么印象，再读你会觉得朴实的文字很有韵味，三读你会觉得有一种力量震撼着你，使你回味无穷，令你荡气回肠。从教学的角度讲，只要对课后问题做一番揣摩，编者的意图就会了然于胸。

课后安排了三个问题。

1. 这篇童话很感人，我们来分角色读一读。

2. 读了这篇童话，我想到了很多，让我们来交流一下。

3. 小练笔：我有很多话要对鸟儿说。我先说一说，再写下来。

联系阅读感受，再看课后问题的要求，你会发现，三个问题的设计别具匠心。

第一，问题建议了本课的学习方法或是学习过程——读书体味、交流汇报、情感升华。第二，三个问题，暗含着语文学习的规律——在读、说、写的过程中提高读写的能力，隐含着“教材无非是例子”的启示。第三，三个问题，既是过程，又是目标。能读得感动自己，能交流分享感动的原因，感动之后能和小鸟来一番真挚对话不就是本课学习的目标吗？

怎样按此建议，较好地达成教学目标呢？

一、读出趣味，读出感动

读童话就要读得童趣十足，读得身临其境，读得感同身受。

一读读出幸福和谐。课文第一段仅 34 个字。可是，透过“好朋友”“天天”两个词语，两位知音朝夕相伴、和谐欢乐的幸福情景却呼之欲出。幸福融洽、相依相伴不正是回味并追寻“去年”的生活的内在原因吗？读出画面，读出幸福，不正是为后面的依依不舍、苦苦寻觅安排了反差，设置了铺垫吗？

于是，对这部分的感情朗读要给予充足的时间。既要联系重点词语（好朋友、天天）创设小语境，又要开掘生活、激发想象，构建并浮现一对老友友好招呼、礼貌相邀、知音对话的“相看两不厌”的暖融场面。以此为媒，读出情趣，读出情感。

再读读出为友着想。爱之愈深，别之愈难。分别时既要读出依依不舍的难过，更要读出对朋友的理解。既然是朋友，怎么能不知道她的苦衷呢？树何尝不愿意让小鸟留下来，但是，怎能让朋友为自己饥寒交迫呢，所以是他首先提出“再见了”。小鸟呢，何尝不知道树的心思，所以马上就答应“一定”回来，还要唱歌给树听。读出了个中三昧，并且在后面朗读的过程中，时时回读两个朋友临别时的约定，那么题目中的“去年”才蕴意悠长。

三读读出一份执着守信。读小鸟和树根、门先生、小姑娘的对话，既要读出小鸟的焦急，更要读出一份执着。不是吗？虽然历尽艰辛，可是她的口气却越来越急，设想一下，如果大树还会被运往别处，她会怎么样呢？支撑她的是什么呢？回读临别时的约定就尽在不言中了。

二、真情相约，倾情交流

交流汇报什么？其实就是将自己的感悟外化，提升语言运用和情感态度的层次。然而要注意的是，这种感悟的外化是对课文语言的重复，隔靴搔痒的呻吟，还是真挚情感的拨动，心路历程的追溯？效果的不同取决于方法的采用，还要看在文章何处入手去思去说，所以我们应沿着课文的思路，徐徐展开，在源头上就做足文章，方能引出汩汩活水。

1. 萧瑟的秋天过去了，寒冷的冬天马上就要到了。鸟儿唯有飞往南方才能免去饥寒，树怎能不知道，没有小鸟的陪伴，树哪能不孤单，分别时两人都在想什么？

2. 小鸟飞入山谷、盘旋村落、穿越窗棂，遇何险，动何念？

3. 大树遭砍伐、遇分身、化灯火，他会想什么？

沿路追寻，自然就到了小鸟面对灯火的“一盯两看”，那学生怎能不开启情与思的闸门，将铭记和支撑自己的“去年的树”的情思倾吐出来呢？

三、变换角度，感悟诚信

当学生读出了小鸟最后那意味深长的一“看”的时候，情感自然得到了升华，谁不为如此信守诺言的朋友感动，谁不想交这样的一个朋友啊！“我有很多话要对鸟儿说”不失为一个揭示童话道理的好话题。但是，这样的话题把握不当，极易使学生喊空洞的口号。如果将角度变换一番，会不会更有效果呢？

师：小鸟又对着灯火看了一会儿，就飞走了。多么感人的场面！朋友的心灵是相通的。大树即使化为灯火，也会感觉得到。我们教室的屋顶上有许多盏灯，他们都是大树的好朋友或就是大树，当他听到我们朗朗地读书，深情地诉说的时候，他就感觉又找到了知音，于是，他就托小主人——在座的每一位，替他写一封信，相信每一位在座的同学都想替大树圆这个梦，那信中都该写哪些内容呢？表达什么样的感情呢？（倾诉遭遇，表达思念）

附：学生习作

给老朋友一封信

——《去年的树》（续）

四年级（2）班　李小岳亮

亲爱的老朋友：

你好！

当你读到这封信时，我可能已经化为一团微弱的火焰或一缕淡淡的青烟，但是我永远不会忘记我们在一起时那幸福美好快乐的时光。

老朋友，你知道吗？自从去年秋天我们分手之后，我觉得这个世界非常荒凉。没有你的陪伴，我无精打采，天天数着日子过。

一天，忽然来了一个伐木人，要带我离开这里。我向他苦苦哀求："求求您，求求您，请别把我砍倒好吗？我的老朋友还要回来为我唱歌呢！"可是，伐木人无奈地对我说："不行呀！我家都要靠我养呀！"我听了伐木人的话，非常同情他。可是我又想老朋友如果回来找不见我，那该有多着急呀！这时，另一个伐木人却说："树啊！我砍了你是为了做出更多的好东西，那样你的贡献就大了。"我听了这些话，就让伐木人砍倒了我。我被拉进了山谷的厂子里，做成了一根根的细条条，我又被人拿到小村庄里卖掉了，来到了一位小姑娘家。小姑娘把我的第一根细条条擦燃了，我还看到了经常依偎在我们身边的小草呢，我们都变成了红红的火焰，一会儿就闻到了香喷喷的饭菜味了。小姑娘开心极了！接着燃了第三根、第四根……我自言自语地说："难道这就是我对人们的贡献吗？"

小姑娘燃完了我的最后一根，我想我的生命就要结束了。我唯一的遗憾就是再不能与你相伴，再不能听你那每天都能听到的歌声了。没想到的是，我的心愿得到了满足，我在最后一刻竟又听见了熟悉悦耳的歌声，原来是你，老朋友，你的歌声还是那样动听那样悦耳，我有一种说不出的喜悦。你是怎样找到我的呀？你该吃了多少苦呀！谢谢你老朋友，我虽死无憾。

我永远不会忘记你！

你的老朋友：大树

假如让我再来一遍

——《爬山虎的脚》教学后记

《爬山虎的脚》是人教版教材四年级上册的一篇课文。

正如叶圣陶所写的那样："学校操场北边墙上满是爬山虎。"虽然让学生进行了观察，大部分学生也都找到了爬山虎的脚，但是，在学习课文的过程中，并无多少趣味可言。

本来以为，学生提前预习了课文，部分学生已在练习背诵，所以当初并不打算在朗读上花费过多的时间，只是让学生按照文中"泡泡"的提示："我来画一画爬山虎是怎样一脚一脚往上爬的。"画出爬山虎在墙上爬行的样子就可以了。

这个过程开始的时候，我就考虑到学生是否能读得懂课文，并画得出来。所以，画是分解进行的：先让学生读描写爬山虎脚的句子，再看课文的小幅特写图，然后找出爬山虎"茎上长叶柄的地方"。这样做，主要是检查学生是不是真正地读懂了课文，是不是能联系课文的词句进一步思考。课文这样描述："茎上长叶柄的地方，反面伸出枝状的六七根细丝，每根细丝像蜗牛的触角。"从这个句子中可以得出，长叶柄的地方应该在伸出细丝的正面，这是需要边读边思的。学生如果能结合自己的实地观察，得出结论的过程就会容易一些。但是，学生恰恰在此处遇到了障碍，他们找不出长叶柄的地方。这说明他们的观察只是走马观花的，连各个部位都没有看清；还有一点，那就是学生读书时没能深入思考。因为这个问题，教学耽误了时间。

教学过程进行到画爬山虎往上爬行的时候，又遇到了问题。部分学生画的画就像课文中的小幅插图那样只画了爬山虎的一只脚，一只脚怎么能爬呢？这说明学生是唯书的，对书中现成的画先入为主，没读得懂“一脚一脚”往上爬到底是什么意思。

画图的过程，无非是理解的过程。但是，理解课文本来非常通俗的语句却占用了大块的时间，不能不说是一种教学的失误或是失败。

那么，这种失败的原因是什么呢？从教师的角度讲，教学设计不够合理，首先是对教学资源的利用不得要领。设想一下，对这篇课文的学习可不可以这样：在没有学文之前，组织学生实地自由观察，然后进行习作练习。为什么要自由观察，而不做观察指导呢？目的在于使学生能发现自己观察的草率和匆忙，自觉校正和领会观察方法，从而培养良好的观察态度。学生回来后自行习作，可能会发生这样的情况，部分学生三言五语，不得要领，这恰恰为学习课文提供了比对，为领悟作者遣词造句的精妙寻到了一个契机。此时，学生学习的心态将会由被动变为主动。这一过程不必过细，只要学生能寻得作者观察与描写的顺序，找出课文重点描写所在就可以了。

在学生自我比对之后，教师不妨将学习课文的学习场所直接移到爬山虎的旁边。面对一墙的碧绿，朗朗读书，像一阵风拂过墙面，不但是叶子，学生的心中也会漾起会心的波纹。

爬山虎的脚是作者观察的重点。学习时，为了最大限度地保护爬山虎，学生可以小心翻找它的脚，但是不可每人都采集标本。教师有一柄足矣。这样，学生就能将爬山虎各部分的名称与真实事物一一直观相对，对作者的仔细观察和连续观察也就能心领神会了。叶子均匀分布的特点与脚的关系也会不言自明。

面对满眼新绿，琅琅书声，倾情对话，不也是学校的一道风景吗？

对比阅读，类篇仿写

——《颐和园》教学后记

《颐和园》是人教版教材四年级上册中的一篇课文。

导读中提到了本组课文的共性特点：有顺序。如何理清游览的顺序，是每课重新引导还是依据教材的单元特点发挥开篇的“例子”作用，是教师应该考虑的问题，也是循序渐进需要落实的问题。

新课伊始，复习了《长城》一课的叙述顺序，还回顾了顺序的理清方法：逐段细读，边读边思。抓关键句，找关键词。然后，带领学生对这篇课文进行了自读，自读后又进行了指读。学生听读勾画，然后汇报。于是，每自然段开头的句子引起了大家的注意。

进了颐和园的大门，绕过大殿，就来到有名的长廊。

走完长廊，就来到了万寿山脚下。

登上万寿山，站在佛香阁的前面向下望，颐和园的景色大半收在眼底。

从万寿山下来，就是昆明湖。

汇报之后，让学生把找到的句子串起来并连上首尾段再读一读，然后说一说，有什么发现？

学生得出了如下结论：将找出的句子连起来，就是颐和园的游览顺序；课文每一自然段开头的第一句话，不但交代了方位，而且自然承接前一段的内容。比较学生得出的结论，不正是“需要留意的表达特点”吗？

长　廊

走进东博学校的大门，绕过喷泉直走，就来到了美丽的长廊，红漆的柱子，绿漆的栏杆，环绕着半个操场。这条长廊共有36间，大约有70多米。每一间的横槛上都有五彩的画，画着人物、花草、风景，几百幅画只有五六幅是相同的，都画得栩栩如生。长廊左边栽满了花木，几朵小花刚刚凋谢，另几朵小花又开了，微风掠过花坛，迷人的香味吹来，使人神清气爽，精神百倍。

这是学生读过第二自然段之后仿写的学校的长廊。之所以读后就写，是因为学校也有个形似的仿古长廊，尽管它没有颐和园长廊的神韵和精致。

反思：在教材功能的定位上，民国时期的夏丏尊先生提出“例子”说。后来叶圣陶先生又提出了“样本”说。大意是：教材的性质同于样品，熟悉了样品，也就可以理解同类的货色。以下这段话虽然是先生于1997年12月26日为《中学语文》创刊时的题词，但类似的思想他早在二三十年代就已经提出。“我想，教任何一门功课，最终目的都在于达到不需要教。假如学生进入这样一种境界，能够自己去探索，自己去辨析，自己去历练，从而获得正确的知识和熟练的能力，岂不是不需要教了吗？而学生所以要学要练，就为要进入这样的境界。给指点，给讲说，却随时准备少指点，少讲说，最后达到不指点，不讲说。这好比牵着手走，却随时准备放手。我想在这上头，教者可以下好多工夫。”叶老所指的“牵着手走”，在1978年又进一步明确：“学生入门了，上路了，他们行走繁复的事物之间自己探索，独立实践，解决问题了，岂不是就用不着给‘讲’给‘教’了？”领会并把握叶老一番话的主旨，落实在具体的教学中，就是要明确上课的时候，该讲什么，少讲什么。讲与少讲的层次分别并不在于数量的控制，而在于是将果实传送给学生还是让学生自己结出果实的理念差异。就本课而言，教师可以设计如下问题：课文是按怎样的顺序游览颐和园的呢？学生也能得出结论，但是，这样做与前面提到的复习导入，读中领悟，效果则大不相同。再如，对课文第二自然段的学习，如果让学生读一读、找一找都写了长廊的哪些景色，从哪些词句中能看出作者的心情，那么学生也能领会作者情景交融的写法与心情的愉快。实际上，在学文的过程中，老师只需要提出：读一读，想一想，颐和园的长廊和我们学校的长廊有哪些不同，如果你也想按这样的顺序来写一写学校的长廊，你感觉哪些词句需要改动？这个问题的提出，既是让学生品味课文词语准确运用的过程，又是揣摩课文模仿句式的过程。对这一段教材的运用，有些王荣生博士对教材分类里的“例文”的味道，其功能发挥的方式为：不用其整篇的“文”，而是取其读写知识或技能的某一侧面的某一点或某几点，让学生形成某一方面的读写知识。

寻找联系，致用转化

——《桂林山水》教学后记

《桂林山水》是人教版教材四年级下册中的一篇课文。

按照“导读”中提出的教学要求，对《桂林山水》一文的教学除了引导学生抓住漓江水的“静、清、绿”和山的“奇、秀、险”的特点，采用师生、男女生合作的形式进行朗读体会之外，还结合上下文对“却”“这样”等几个词咀嚼玩味，以挖掘作者内心对桂林山水的喜爱、赞美之情。教学之前，我利用网络查找了有关桂林山水的图片，还找到了两段相应的影像。教学时，图片的播放，不但使学生对桂林山水的奇丽景色产生了由衷的赞美，也使文字由模糊到鲜活。当学生的朗读逐渐成诵的时候，我播放了这两段录像，面对景色奇丽优美却声息全无的影像，学生大失所望。这个时候，我提议让他们自己配音，可以用课文的语句，还可以在课文语句的基础上加一点儿导游词。于是，学生学习的课文中的相关词句自然得到了启用。此时的启用，不再是被动地、机械地重复，是学生有意识地积淀后的无意识的自动化的“见景生情”。课件的运用为学生有效积累和使用语言搭建了平台。

对写景状物的文章的朗读，所讲求的效果是让学生通过品味、推敲、意会词句所表现的具体形象，将静止的符码还原成生动的具象，从而感受景色之美和文字之美。如何将此效果推进一步，除了教师用语言进行情境创设之外，对课件的适时运用也可谓锦上添花。需要注意的是，课件的运用一定要服务于学生的语文学习，不能让学生只满足于

“身临其境”的陶醉，而要让他们达到对语言的运用之妙有顿悟、醒悟、领悟的程度，对积累的语言自我能主动调用。

《桂林山水》一文之所以一直被选入教材，语言美是原因之一。再次就是课文的第二、三段，运用排比、比喻的修辞方式，形象生动地将桂林山水的迷人之处呈现在读者面前。四年级学生的习作观察能力和想象能力正处于发展阶段。如果让他们就身边熟悉的事物单独地进行比喻句的说写，要么就是仅有的几个老掉牙的比喻句，要么就是麻木的熟视无睹。于是，教学时，我引导学生进行了仿段练习。

师：我们刚刚读完了《桂林山水》一课，虽没有到过桂林，可桂林奇丽的景色却让我们啧啧赞叹，让我们深深铭记在头脑中，这就是文字的魅力。现在我们想一想，我们的家乡虽然没有波澜壮阔的大海，没有水平如镜的西湖，也没有静、清、绿的漓江，可是却不缺少潺潺的小溪，涓涓的小河，想一想，它们有什么特点呢？

生：我家乡的小河也很清。

生：我家乡的小河也很清，来到河边，就能看到里面的小泥鳅。

生：我家乡的小河还很亮。夜晚迷路的时候，它可以帮我们辨别方向。

……

师：现在我们归纳一下家乡小河都有什么特点呢？也从三个方面来进行概括好吗？

生：清、亮、欢。

师：我们能不能也把小河的每一个特点，像《桂林山水》的作者一样，运用看到的、感觉到的以及想象到的补充得形象具体呢？

……

师：如果你觉得仿写家乡的小河还不足以表现你的能力，那么下面的仿写可能有一定的难度，如果有兴趣、有胆量那也可以试一试。

题目：我们的教室

特点：静、净、竞

附：学生小练笔

家乡的小河

四年级（2）班　金旭

你也许看见过波澜壮阔的大海，也许玩赏过水平如镜的西湖，却未必看见过我家乡的小河。

家乡的小河真清啊，清得可以看见在水底嬉戏的小鱼；家乡的小河真欢啊，不时地唱起动人的歌，捉虫的青蛙竟然跳起了舞，把树上的小鸟都看呆了；家乡的小河太亮了，白天从远处看就像闪闪发光的钻石，黑夜在月亮的映照下依然发着亮光。

家乡的小河

四年级（1）班　王岳林

也许你看见过波翻浪涌的大海，也许你玩赏过水平如镜的西湖，但你未必看见过我们家乡的小河。家乡的小河真清啊，清得可以看见河里嬉戏玩耍的小鱼；家乡的小河真欢啊，欢得不时发出笑声，你听"叮咚""叮咚"；家乡的小河真亮啊，亮得像水银一样闪闪发光，亮得如一面未经打磨的铜镜，不然，爱美的月亮姐姐和星星妹妹怎么会天天来这里呢？

我们的教室

四年级（3）班　杨乾武

也许你看见过气势雄伟的天安门广场，也许你看见过容纳万人的人民大会堂，但你不一定看见过我们的教室。我们的教室真净啊，净得地面如皇帝的新衣——一丝不挂；我们的教室真静啊，静得可以听见笔和纸亲密地交谈，你听，"刷刷刷""刷刷刷"；我们的教室真竞啊，竞得同学们如一名名正在向前冲的运动员，不是吗？

反思：习作往往都经历从仿到创的过程。“仿”的点的确立，“创”的空间的拓展，“仿”与“创”之间的联系，教师都要在阅读教学前有所考虑。“仿”的点既要高于学生的现有水平，又要充分考虑学生自身生活的阅历、经历，还要考虑学生仿的兴趣，即要把握所要“仿”的形式，使多数学生对形式通过自己习作的过程逐步习得，此外，还要为一部分优秀学生想象能力的发挥提供更为广阔的空间，这就是“学习语言文字运用”。

挖掘课内外资源，有效促进读写

——《草原》教学补记

人教版教材五年级下册第一组课文的导读中提出了如下阅读要求：阅读本组课文，要把握主要内容，还要联系上下文，体会优美的语言和含义深刻的句子，想想这样写有什么好处。从要求中可以看出，把握内容，体会句子的含义是阅读本组课文的教学重点。教学重点的突破，披文入情、潜心朗读是关键。但是，对于语文学习，特别是对于一篇课文的阅读来说，在此基础上，我们还要寻找一些方法，使学生经历学习过程之后，不但能读，而且会读。

《草原》一课有哪些资源可以利用和开掘呢？

一、 对课后问题的充分利用

1. 课后问题概括或提示课文内容

《草原》一课的课后第一题提出如下要求：有感情地朗读课文，说说内蒙古草原的自然风光和民族风情。学生在经过多遍读书之后，总结的课文主要内容可能不够简练，但是在相互补充及完善之后，自然都能聚焦到“自然风光”和“民族风情”两个关键词上。当学生自我概括完毕之后，再让学生读读课后问题，说说前面的总结与课后问题有没有联系，学生就会意识到，课后问题有的在提出问题的同时，已经对课文内容进行了概括或者提示。我们在学习课文的过程中，尤其是概括课文内容时，有时对课后问题留意思考，可能会辅助和校正自己对文章内容的概括。

2. 利用中心句，学会联系，学会理解

课后第 3 题的要求如下：联系课文，说说对“蒙汉情深何忍别，天涯碧草话斜阳”这句话的理解和体会。对于此题的要求，学生往往会孤立地理解为对诗句的解释。其实，这句诗是课文的中心句。作者将所见所感高度凝练在本句诗中，是在前面欣赏自然风光和感受民族风情后的自然引发。深入理解本句诗的过程，应该是联系上下文，辐射全篇，追溯作者情感经历的过程。如从哪些词句中可以看出蒙汉情深？哪些地方说的是天涯碧草？“何忍别”和“话斜阳”从什么地方可以看出来？如此进行读文思考，表面上看似是对诗句进行理解，其实正是“在阅读中揣摩文章表达顺序，体会作者的思想感情，初步领悟文章基本的表达方法”的过程。

二、对地域文化、自然风光的开掘

虽然未必身在草原，但处在内蒙古，应该说，相邻的地域、共通的文化，要比从其他渠道了解的草原更全面、更丰富。可事实上，“不识庐山真面目，只缘身在此山中”。熟视无睹也正是一般人尤其是小学生容易产生的问题。当文字静静地呈现在他们面前的时候，以什么心态来朗读，对作者情感的体会尤为关键。从地域文化的视角来考虑，教师可以让学生先以主人的身份来朗读，向“客人”介绍内蒙古独有的自然风光，学生在这种心态下激发的朗读会充满着一种对自然风光的赞美，内心里充盈着的是自豪和骄傲。然后，角色转换，让学生以客人的身份再读课文，那种认同、惊讶、赞美会情不自禁，以此达到对课文内容的深入理解和对作者情感的深入体会。

小练笔从何入手呢？一是可以仿照课文的写法介绍家乡特有的风俗或自然风光；二是介绍自家如何待客的场面。习作的动机是向远方的朋友进一步补充介绍内蒙古的风土人情。

《白杨》小练笔的二次开发

《白杨》是人教版教材五年级下册中的一篇课文。

“写几句话，夸夸像课文中的爸爸那样的祖国建设者或保卫者，可以用上‘哪儿……哪儿……’‘不管……不管……总是……’等词语。”

这是课文提出的练笔要求。有课文语句的参照，用上几个词语进行练笔对于学生而言，并不感到困难，但他们可能对于建设者和保卫者的具体化还缺少经验的储备。于是，在教学时我先让学生朗读课后的“阅读链接”，通过“架大桥”“修铁路”“盖起高楼大厦”几个特指词语，对建设者增加了感性认识，并由此及彼，充实了对“保卫者”的理解。有此基础，学生再写起来，就能避免空洞，写得较为细致具体，这仅仅是完成了课后题目的要求。适逢“三八”妇女节，每年的这一天，我都会要求学生给在家中时刻为自己牵肠挂肚、日夜操劳的母亲写几句话。今年看到这个练笔，我改了主意，提出了如下要求：

“当我们赞美祖国的建设者和保卫者的时候，大家不要忘记还有一位时刻牵挂你，在你面临危险时，她会毫不犹豫地挺身而出；当你偶染风寒时，她会为你端水送药；当你回到家中时，尽管她已腰酸背痛，却又焕发精神，走向厨房……“三八”妇女节到来之际，你也给自己的母亲写上一段话吧。老师的要求很简单，只要你用上这几个词语即可。不过，想把你的母亲感动到什么程度，请自己斟酌。把你最想说的话写在日记本上，放学后带给自己的母亲，请她阅读后写上对你这段话的评语。”想得到母亲夸奖表扬的心态驱使学生布局构思，比提出更多的要求还具有动力。

这是刚刚转来的一名学生写给妈妈的信。

妈妈，节日里，我想着您

五年级（2）班　郑宝婧

妈妈，3月8日是妇女节，在这里，我祝您节日快乐！

妈妈，我感谢您！感谢您养了我这么多年，要是没有您，我也不会来到东博学校，也不会有我的今天。

妈妈，您就像我们刚学过的课文《白杨》中的白杨树一样坚强、不软弱。能在那么寒冷的天气中早早地起床给我做饭，怕我上学迟到。您不但坚强，还把我送到东博学校来读书，哪怕学费再贵，哪怕我再能花钱，您也毫不犹豫地把我送来了。在正月初八的晚上，那天有人说有地震，您就把我在睡梦中叫醒，叫我穿上衣服，穿上鞋子，您还对我说："一会儿来地震，你就先跑出去，不要管我。"我听了，就在心里想，妈妈，您为什么不顾惜自己的生命，也从不管自己以后的事情，却总是想着我，叫我先逃离危险。我不会这样做的，要跑，我也要带您一起跑。

妈妈，我爱您！您是我心目中最慈祥最伟大的妈妈！

[注：2009年2月2日（正月初八），赤峰市敖汉地区有人制造谣言，闹得人们惶恐不安、夜不能寐。]

贯通联系，促进写练

——《把铁路修到拉萨去》写练设计

人教版教材五年级下册《把铁路修到拉萨去》是阅读课文，根据课前导读的要求，学生通过默读把握了课文内容。循着“把铁路修到拉萨去”这句话的每次出现，学生触摸到了作者的情感脉络。在学生朗读重点段落之后，我播放了韩红演唱的《天路》，并通过大屏幕同步播放了饱含藏族儿女真挚情感的歌词。当学生还沉浸在歌声中的时候，我让一名学生朗读《草原》中描写民族风情的有关段落，并提出如下问题：“我们蒙古族热情好客，当远方的游客到来的时候，我们斟茶献酒，载歌载舞。藏族同胞同样也有热情好客的传统，当他们面对给自己带来吉祥安康的筑路大军的时候，他们会想些什么，做些什么呢？”

“再看16页的课文插图，这是风火山隧道贯通之后的场面。请大家仔细看看插图，再联系课文内容，从他们身上厚厚的棉衣、苍白的脸庞，你能想到什么？再从他们的喜笑颜开、呐喊狂呼，你又想到了什么？”

“结合前面学过的课文和刚才欣赏到的《天路》这首歌，以‘青藏铁路贯通了’为题，请你以藏族同胞或筑路工人的身份，用一两段话写出人们在见到铁路贯通之后的心理活动和具体表现。”

反思：教师教学需要具有资源意识。教学资源既有课内的也有课外的。对于我们而言，首先要立足课内，充分挖掘课文能引发学生心灵共鸣的训练点，留意对学生的说写有所启迪或借鉴的片段、留白及插图等资源，沟通单元间课文的有机联系，使理解与写练相互促进、相互弥补。课外的资源要合理应用，要把握应用的时机，要具有利用资源为语文学习服务的强烈意识。

附：学生习作一篇

青藏铁路贯通了

五年级（1）班　吕占钊

“铁路贯通了。”“我们胜利了。”这是造福藏族同胞的青藏铁路，也是一条神奇的天路。面对自己创造的奇迹，筑路大军欢腾起来。他们有的眉开眼笑，有的手舞足蹈，有的呐喊狂呼，还有的竟将自己的帽子高高地抛向空中。在这氧气稀薄的地区，舞动红旗，高声呼喊，很容易造成极度缺氧。尽管筑路工人们脸色苍白，气喘吁吁，但此时此刻，又有什么能阻挡他们内心喜悦的释放呢！

藏族同胞看到“巨龙”真的舞到了自己的家门口，都穿上节日的盛装，不约而同地拥到了铁路旁。

筑路工人和藏族同胞会面了。大家都同样高兴，好像是阔别已久的亲人一样拥抱在一起，感觉热乎乎的。握手再握手，笑了再笑，大家的语言不同，心可是一样的。静寂的高原顿时热闹起来。欢呼声，说笑声，汽笛声，响成一片。在这种境界里，连天上的白云都静立不动，好像在回味着无限的乐趣。

热情的藏族同胞把筑路工人请到自己的家里。主客都有礼貌，一点也不拘束。好客的主人端来大盘的手抓羊肉和酥油饼。藏胞们向筑路工人敬酒，工人们回敬。藏胞们再举杯，筑路工人再回敬。这时候，美丽的藏族姑娘们穿着缀满了银饰的民族服装，一点儿也不羞涩，唱起了民歌。工人中间的歌手也赶紧唱起来，歌声似乎比什么语言都更响亮，都更感人，不管唱的是什么，听者总会露出会心的微笑。

饭后，小伙子们表演了摔跤、赛马，姑娘们也表演了民族舞蹈。工人们也舞的舞，唱的唱。太阳已经偏西，谁也不肯走。是呀！藏汉情深何忍别，青山雪域话斜阳。

《祖父的园子》的片段仿写

教学之前，读到了薛法根老师关于人教版教材五年级下册《祖父的园子》的教学实录片段（资料参见 2007 年第 6 期的《小学教学（语文版）》），对其中的引导学生模仿作者写倭瓜、黄瓜、玉米等的手法来写作者在园子里生活的快乐、自在的教学设计颇感兴趣。于是，我在教学这一课时也重点引导学生体会第 17 自然段的表达方式及情感流露，并安排了课堂练笔。

师：读了这篇文章，我们知道作者就是要表现自己的童年生活多么快乐、自由、幸福和有趣。既然是写自己的童年生活，那又为什么花那么多的笔墨来写这个园子呢？

生：园子是作者生活的环境。

生：因为有这么多昆虫、庄稼等陪伴着她，她的童年生活才如此幸福有趣。

师：是的。看园子的这些特点、“我”的童年生活的特点，大家发现了什么吗？

生：写园子丰富多彩，衬托童年生活的丰富多彩。

生：写园子里庄稼自由自在，其实就是写作者童年生活的自由自在。

师：这叫——（板书）借物抒情。

师：下面我们来做个练习。模仿作者写倭瓜、黄瓜、玉米等的手法也来写一写作者在园子里生活的快乐、自在。开头：我的童年是快乐的、自由的……

学生的片段练笔：

我愿意栽花就栽花，反正我只是瞎闹。我愿意铲地就铲地，因为我此时无事可做。我愿意种小白菜就种小白菜，反正我也不是离开它就活不了。我愿意追蜻蜓就追蜻蜓，因为我现在闲得慌。就算蜻蜓飞得太快，就算我追不到它，我也愿意，因为累了，我可以草帽一遮，身子一歪，倒地便睡。（孟焕然）

我愿意吃黄瓜就吃黄瓜，愿意捉蜻蜓就把黄瓜扔在一边，去追那只金色的大蜻蜓，反正没人管我。我愿意浇菜就浇菜，愿意锄草就锄草，反正我也是瞎捣乱。我愿意栽花就栽花，愿意种小白菜就种小白菜，反正我也是瞎种。（郑宝婧）

反思：清代诗人袁枚在《随园诗话》中说："作人贵直，而作诗文贵曲。"这也许是许多名家运用借物喻人、借物抒情的表现手法的原因之一吧。理解这类文章，对于小学生来说有一定的难度，因为他们受阅历所囿，难以将描写的事物特征和赞颂的人物品质对接起来，这便形成了和作者心灵深度对话的一层阻隔。而高段阅读教学目标中"体会作者的思想感情""说出自己的……感受"又是训练的重中之重。我们除了在阅读中引导学生寻找联系、朗读体会之外，运用练笔的方式进行转换，将对事物特点品质的关键语段"还原"给人，既是对课文情感的深入体会，又开拓了练笔的新空间。如《白杨》一课，亦可以将父亲赞美白杨的话改写成直接赞颂建设者的话，如此则双效合一，事半功倍。

应该有一场既寒又暖的祭奠

——《桥》教学后记

老汉突然冲上来，从队伍里揪出一个小伙子，吼道：“你还算是个党员吗？排到后面去！”老汉凶得像只豹子。

小伙子瞪了老汉一眼，站到了后面。

……

小伙子推了老汉一把，说：“你先走。”

老汉吼道：“少废话，快走。”他用力把小伙子推上木桥。

……

一个老太太，被人搀扶着，来这里祭奠。她来祭奠两个人。

她丈夫和她儿子。

这是人教版教材五年级下册课文《桥》中的几段话。作者谈歌的这种巧设悬念、前后照应的结构安排，独具匠心，读后既使人恍然大悟，又余味悠长。学生是否体验得到呢？

老汉的前后两次“吼”意思一样吗？前面的动作是“揪”，后面怎么就成了“推”了呢？小伙子开始时的“瞪”，后来怎么又成了“推”了呢？作者精雕细琢的几个词语内含，学生能感受得到吗？

“你拥我挤”“跌跌撞撞”“乱哄哄”的人们都得救了。他们是否都在“搀扶着”老太太，即使没能亲手“搀扶”，可他们的心中是否想着怎样“搀”如何“扶”，才会让这位老太太安享晚年呢？

仅凭朗读体味还是不够的，应该有一场牵动人心、肝肠寸断、既寒又暖的《祭奠》，应该有一双双温暖的手的争相《搀扶》。

附：学生习作

祭 奠

五年级（2）班　孟焕然

五天过后，洪水退了。村子旁边的山脚下却添了两座新坟。

全村一百多号人搀扶着一个老太太，来到了新坟前祭奠——那个全村人都拥戴的老汉，连同他们的儿子。老太太注视着两座新坟，不禁泪如泉涌。村民们同老太太一样，眼泪如同五天前的洪水。

顿时，村子里的哭声惊天动地。

一个温暖的家庭被无情的洪水拆散了，一家三口只剩下孤苦伶仃的老太太。老汉，为了全村人的性命而牺牲，小伙子，服从了老汉的命令，也被洪水吞没了生命。老太太虽被全村人安慰，可还是禁不住泪如泉涌、痛哭失声。村长站了出来，缓步向前，双手捧着一束鲜花，放到了老汉的坟前，转身又捧起一束鲜花，放到了小伙子的坟前，村民们也把采集到的鲜花放到了爷儿俩的坟茔前。老太太哭着说："老头子，是不是想喝上一口了？我为你拿来了你平时舍不得喝的二锅头。如今你上路了，放在家里有谁动啊？你都喝了吧。是不是饿了？给，我带来了玉米面饼，你平常总吵着要吃，像个孩子似的。我却没来得及做，这回你就尝上一口吧。"

村里的三胖儿走上前，抽咽着说："叔，以前我和你尽吵嘴，每次总是你宽容地谅解我。如今，我想对你说声对不起都没有机会了。叔，你放心地走吧，你家的田，我包了。"大伙儿争先恐后地向老人保证着，还背着老人做了安排。

第二天黎明的时候，老汉家里来了一男一女两个人。男的拿起了锄头，女的蹲在灶前擦燃了火柴。

搀 扶

五年级（2）班　吴孟来

五天以后，洪水退了。山边又多了两座新坟。一位老太太被人搀扶着来到坟前，在这位老太太的后面跟着一百多位村民，他们都来祭奠自己的恩人。

当老太太来到坟前时，她松开了搀扶她的手，粗糙的手摩挲着刚竖起的冰凉的石碑，失声痛哭。有的村民也忍不住抽咽起来。老太太对着老汉的墓碑说："你死了就死了吧，为什么还把儿子这条性命也搭上呢？让我一个人孤单地生活，你这是为什么啊？"说完又把头转向了儿子的坟茔，抚摸着石碑说："儿子，你不要生气，我知道你爸爸的用心，他为了全村的人，只能舍小家顾大家了。你千万不要抱怨你的爸爸啊！"

村民们都聚拢在老太太的身旁，把老太太搀扶起来。一位老汉说："老哥，你放心的上路吧！虽然你的儿子没有了，但是你还有我们这些兄弟在，你也不用担心家里，你家的田我们替你种，你家的房我们替你修。我知道你一定担心嫂子，你放心吧。只要有我们在，我们就会让嫂子安度晚年。"

……

村民们又扶着老太太向村子走去。

搀　扶

五年级（1）班　黄菊

洪水退了，一位白发蓬乱的老太太挎着篮子在几个年轻人的搀扶下颤颤巍巍地走向村口。

那天天气不怎么热，有点风，老太太的两束头发不知所措地老往脸上贴。他们来到山脚下的两座新坟前。老太太一下子瘫倒在坟边上，泪水扑簌簌地往下落，后面的人也默默地流泪。老太太对着老汉的坟茔喃喃地说："老头子，全村人除了你和儿子都脱险了，你在九泉之下可以安息了。"当老太太抬起袖子拭泪的时候，看到旁边儿子的坟茔，不禁失声痛哭。"儿啊！你可是娘的心头肉啊！连你都和你爹走了，我可怎么办啊？"乡亲们都看在眼里疼在心上。一位年轻的媳妇扶起老太太，说："大娘，大爷走了，我们会照顾您的。您的儿子是为我们牺牲的，我们也会像您儿子那样养您、爱您、照顾您！"老太太转过头来擦着眼泪连连点头："谢谢，谢谢大家了！"说完老太太从篮子里拿出一坛酒，含着泪笑着说："老头子，你冷吗？你猜我给你带什么来了？是你最爱喝的酒，今天我让你喝个够。"说完老太太把酒洒在老汉的坟茔前。

在乡亲们的劝说下，老太太回了家。刚跨进家门，只见桌上已摆上香喷喷的饭菜，老太太的眼泪又不争气地流了下来。

坦露心扉最可人

——《窃读记》教学后记

最令人开心的是下雨天，越是倾盆大雨我越高兴，因为那时我便有充足的理由在书店待下去。就像在屋檐下躲雨，你总不好意思赶我走吧？我有时还要装着皱起眉头，不时望着街心，好像说："这雨，害得我回不去了。"其实，我的心里却高兴地喊着："大些，再大些！"

这是人教版教材五年级上册《窃读记》中的第 7 自然段。作者通过对故作的愁态和真实的快乐的对比描写，将一个孩子得到充足理由阅读的愉悦和天真写得情趣十足，读来叫人忍俊不禁。究其原因，就是小作者说了真话，坦露了一个小孩子为自己的欲擒故纵之计得手的暗自得意。读后有似曾相识之感……这种小把戏谁也曾耍过。当学生们读到此段时会心的微笑已经证明了我的判断。于是，学到此处的时候，为了对话的深入，我让学生回忆自己是否也有过这种"欲擒故纵""口是心非"的经历。学生"呵呵"一笑，不置可否。也有的孩子勇敢地站出来回忆事情的过程。

我又让学生重读了这一段，然后让学生说一说为什么这一段内容能赢得大家的喜欢。学生悟到了作者对神态与内心的对比描写增强了事情的真实性和趣味性。于是，再找前面说自己也有如此经历的学生重新描述发生在自己身上的事情，不过这一回要侧重对神态和心理的对比描述。师生对学生的描述评价之后，让学生拿出草稿本，将自己做过的事情也写一写。

附：学生习作

“机器人”到手了

五年级（2）班　孟焕然

星期天的上午，我和老妈一起逛街。我求着老妈去路边的玩具超市看看，老妈不同意，于是，第四次世界大战爆发了，我以我的喇叭嘴再加上唐僧的唠叨，浪费我5分钟时间和500克的口水才以微势取胜。

玩具超市还是像往常一样挤满了人，一看，嗬！这玩具，琳琅满目，摆满了整个超市。我挑、我选，终于把目光落在了一款又神气又秀气的机器人上。“这机器人真酷，要是我有的话该多好！”心里不禁这样想。妈妈看出我的心思，问道：“这机器人这么酷，也不错，买不买呢?”“不买，太贵。”我假惺惺地说道。其实心里已经想那个机器人想疯了，说话的同时眼睛一刻也没有离开过那个机器人。“给你买了吧，要不你也饶不了我。”说完掏出钱买下了这款机器人。我表面上漫不经心，心里却乐开了花。“太棒了，太棒了！”当我捧着这款名叫“红蜘蛛”的机器人时，如果不是超市里有那么多人，我早就大声喊叫了。

咱有狙击步枪啦

五年级（1）班　褚国梁

这几天，我总在一家玩具店外徘徊，这家店就像一个磁场一样把我吸引住了？是什么把我吸引住了？答：是一把精美的狙击步枪。进店的第一眼，我就看中了它。它有黑色的枪身，散发着金属般的光泽，冷酷的枪口边有三个瞄具，一个瞄准镜，一个红外线，一个紫外线手电。但是价格有点贵，明码标价50元。就在这时，我的心里打起了如意算盘，看来只好把爸爸引到这里来了。

我依依不舍地回到家，躺在床上，闭上眼睛。我的想象力如野马奔腾，仿佛我是一名头脑冷静身手不凡的狙击手，埋伏在半山腰的树林中，我的瞄准镜对准了一个小鬼子，但他总是在移动，手里端着一把长枪，枪上还挂了一面日本的“膏药旗”。见他刚停下脚步，我抓住机会迅速瞄准击发，瞄准镜里那面“膏药旗”不见了。

可我如何把爸爸引到那儿去呢？有了，我计上心来。第二天，我告诉爸爸说去买书。爸爸支持我读书，便爽快地来了，我却把他引进了玩具店，爸爸问这里能有什么？我说：“里面有英语磁带。”当爸爸问售货员这里有没有磁带时，售货员说：“这里只卖玩具没有磁带。”爸爸看我假装没有听见，只是目不转睛地盯着那把枪，还一脸坏笑。便问我：“小子，要那个吧？”我假惺惺地说：“不要，太贵了。”心里却直嘀咕，老爸啊，你快给我买下吧，我都要想疯了。爸爸看穿了我的小心思，自知又被我算计了，只好心不甘、情不愿地给了钱。

我接过梦寐以求的狙击步枪，心花怒放：“哈哈，咱也有狙击步枪啦！”

反思：教材解读的儿童视角，要求教师在研读教材时，尊重儿童的感受体验，以儿童的眼光、心理去观察、感受。苏霍姆林斯基说：“在每个孩子心中最隐秘的一角，都有一根独特的琴弦，拨动它就会发出特有的音响，要使孩子的心同我讲的话发生共鸣，我自身就需要同孩子的心弦对准音调。”

仿写之所以成功，源于学生有过相似的生活经历，面对作者发愁表情与快乐内心“拈花一笑”时，学生、作者已经心有灵犀一点通了，这种契合提升了有效对话的程度。可是仅仅停留在理解感悟的程度上，“例子”的功能是不是得到了有效发挥呢？显然，理解引入了纵深，而写的实践还是没有亲历。所以，对于学生的动情之处，尤其是由相似经历引发情感共鸣的地方，是不是让他们在理解的基础上再上一个台阶，由情感反照表达，由仿写促进领悟，使读与写有机结合，同步发展，应该是我们思考并付诸实践的问题。

摇花之乐有几何？

——《桂花雨》教学后记

人教版教材五年级上册第二组课文是以“浓浓思乡情”来组篇的。导读中提出了明确的阅读目标：“阅读课文的时候，要用心体会作者表达的感情，并想想作者的感情是通过哪些景物或事情表达出来的。”就阅读课文而言，仅仅体会感情，领会表达还是不够的，重要的是引导学生通过体会和领会的“用心”过程，推进理解的深度，并渐悟体会和领会的要领：知其然，更要知其所以然。

《桂花雨》一文是作者琦君回忆小时候摇桂花雨的快乐，表达了作者对家乡浓浓的思恋。课文前的连接语提出了如下自读要求：“说说桂花给‘我’带来了哪些快乐，再和同学交流读了‘这里的桂花再香，也比不上家乡院子里的桂花’这句话的体会。”但是，就本组课文的学习而言，通过读书仅仅从字面上得出问题的答案是不够的。字面上得出的信息只能算“揭起盖头”，远近高低还是横看侧瞧的选择才是教学予以关注的问题。

作者对摇花之乐表达的既直接又含蓄。学生思考这个问题的时候，多数会从课文的第 5 自然段中寻找直接的答案：“这下，我可乐了，帮大人抱着桂花树，使劲地摇。摇呀摇，桂花纷纷落下来，我们满头满身都是桂花。我喊着：“啊！真像下雨，好香的雨啊！”将这句话放在本段中去体会，快乐之因也无非缘于桂花的多与香。

摇花之乐仅限于此吗？怎样将学生的聚焦点引向深入呢？学生汇报

时，萦绕脑际的是怎样解决这两个问题。听到学生将“满头满身”读得虚而缓，我灵机一动，找到了课文前后的贯通点。“摇下了满头满身的那么多的桂花，究竟有何用呢?”问题的抛出，使弥散而外的花香又回到了桂花树上，学生再次细读课文，从文字中寻找散落的片片馨香。

泡茶，做糕饼。这是学生从第6段中找到的——桂花的用途——显而易见，尽管有香茶甜饼，并没有在此品味咀嚼。

“可以送给邻居，把这种快乐与他们一起分享。”学生马上找到了课文的第3自然段。再次用心细读，要求学生在书中空白处写出馈赠人与接受者双方当时的心理或语言。

“他们两家糕饼做得多，做得好，得给他们送点桂花去。说不定，他们还能送点糕饼过来。”有的学生匆匆写就，但是，大家并不认可。

“胡家老爷爷和毛家老婆婆年龄都大了，也没有年轻人照顾他们，应该给他们多送一点。”有学生如此认为。

紧接着，又被学生的补充校正着。“两位老人家年纪大了，自己摇不了桂花，家里人口又多，总也得给他们多送一点儿。”从“两家糕饼做得多”一句中可知两位老人并不属鳏寡孤独。

此时，再回读第5自然段中的那句话，摇花之乐则多了一重——桂花传递乡情。

正为学生读书的深入而感到高兴时，一个学生站起来说：“每当逢年过节的时候，无论是居家的父母，还是远方的游子，当他们喝着香醇浓郁的桂花茶时，会不会勾起对家人的思念呢?”答案是肯定的，可是，课文有没有这方面的佐证呢? 不一会儿，学生终于从第7自然段中找到了关键的句子：“秋天，我常到那儿去赏桂花。回家时，总要捧一大袋桂花给母亲。”“赏桂花，总要捧”不正是对故乡的怀恋、对亲人的关爱吗?

于是，馥郁的花瓣又添了一瓣馨香——传递亲情。

“能不能用关联词语将你们的体会连在一起说一说?”

“摇桂花的日子，是快乐的日子。桂花不但多而香，能泡茶，做糕饼，而且能传递乡情亲情。”

“将书翻回插图页，仔细观察人物的服饰、神态，想象‘桂花纷纷落下来，我们满头满身都是桂花’的情景。”

浸在花香的孩子们又让花香弥漫开去……

反思：感觉本课的教学尤其是教师带领学生对作者情感的体会，循序渐进，有路可循。有序的安排并不是教师的预设与强引，而是因循学生既有的思路并使之前后贯通。“那么多的桂花到底有什么用途?”一问使学生的目光锁定文本关键词句，并由表及里，剥茧抽丝，使学生渐悟到情感体验的过程要凭借语言文字，要联系上下文，要结合驻留经验，方法所得胜于意义所获。

膨胀快乐因子，追溯怀旧之源

——《小桥流水人家》教学偶得

人教版教材五年级上册《小桥流水人家》通过对故乡潺潺溪水、小小木桥、恬淡家园的追忆，表达了作者对故乡、对儿时童趣的怀恋和思念，文字如诗，色彩如画，情寓其中，清丽淡雅。课文链接语中提出了如下学习要求：“阅读课文，想象文章描写的情景，体会作者是怎样表达思乡之情的。”虽然只有一句话，但是要求并不低。能想象文章描写的情景，需能立体鲜活文字；能体会表达，需能品出语言文字个中三昧，嚼出字里行间的真情实感。

如何将文字鲜活立体成色彩明丽的图画，让学生在字里行间的品读中流溢出绵绵的情感，以期反观表达特点呢？写景和叙事又如何区别对待呢？在本课的教学中，我尝试了如下的做法。

1. 徜徉景中找感觉

让学生调动多种感官，想象文章描写的景色，契合甚至超越作者的感受，其用意无非是使学生领悟文字的神妙。首先是读，读出景致的不同特色，如溪水的潺潺，柳枝的婀娜，鸟鸣的婉转，流水的唱和。读时要调节声音的婉转虚缓读出变化，读出灵动。然后，我并没有沿袭传统的让学生说说头脑中浮现的画面的做法，而是引领学生进入景色之中，“如果我们能在这潺潺的溪水边，柔软的柳枝下，水鸟的歌唱中读书、休憩、作业、下棋，感受又是如何呢?”让他们将自己的感受组织成一段话，写在书中的空白处。

能神游于美景之中，并依景裁夺作息，不就是对文章描写景色的想象的再深入吗？

2. 流连事中寻情趣

“少小离家老大回，乡音未改鬓毛衰。”离乡之人最怀恋的也许正是“儿童疾走追黄蝶”“也傍桑阴学种瓜”的儿时之乐，所以怀旧之作中常常伴着作者回味儿时摸鱼戏虾的快活恣意。课文的第二自然段在简介小溪的用途之后，笔锋一转，如此回忆：“我和一群六七岁的小朋友，最喜欢扒开石头，寻找小鱼、小虾、小螃蟹。我们并不是捉来吃，而是养在玻璃瓶里玩儿。”对“最喜欢”的事情却惜墨如金，个中滋味只有亲历的人方能心领神会。儿童尤其是家住农村的儿童，对此都会有驻留经验。教师引导他们重温事件的全部过程，寻觅过程中的愉悦体验，不正是对作者为什么怀恋往事、思念故乡这种情感的最佳体验点吗？我让学生回忆自己是否有过类似经历，并以“我和一群六七岁的小朋友，最喜欢扒开石头”为开头，驰骋想象，搜索相关的词语储备：关于“鱼”的，诸如惊慌失措、逃之夭夭、慌不择路、东逃西窜……关于捉鱼人的，如屏息凝视、蹑手蹑脚、前堵后截、十指合拢、大呼小叫……然后让学生以“摸鱼戏虾乐”为题，迅速成文。学生在描述捉鱼摸虾的字里行间中收获着、回味着、分享着儿时戏耍带来的快乐。这种快乐不正是催生作者成文的源泉吗？

3. “画蛇添足”悟表达

抒情怀旧的文章，作者的情感除了在摹景叙事中有所流露之外，有的总要将情感的凝结或浓或淡地来上一笔。如《桂花雨》中的最后一句：“于是，我又想起了在故乡童年时代的‘摇花乐’，还有那摇落的阵阵桂花雨。”我教学时也常常引导学生体会此类句子的思想感情。本文也在最后出现了这样的句子：“那段日子，深深地印在我的脑海中。那些美好的印象，我一辈子也不会忘记。”应该说，沿着课文的思路，循着作者的情感脉络，读到此处，说几句体会也是水到渠成的事。问题是，这种说出来的体会究竟离内心的体验有多远，没有亲身经历的人恐怕谁也说不清。怎么办？当学生的“摸鱼戏虾乐”基本成文后，我让学生再读课文的最后一句话，然后简介作者谢冰莹，再加上如下句子：而今，我已到了古稀之年，即使再回故乡，也不能……对此，学生则可以自由续接。续接如此结尾，似有画蛇添足之嫌，但是，正是这“添足”的过程，才是学生经历选词炼句表达情感的过程，也才能使他们领悟“吟安一个字，捻断数茎须”的真谛。

方智范教授在《关于当前小学语文教学若干问题的思考》一文中提道：“对待阅读教学，适当留出一些空间，这是一个可以讨论的问题。其实有些课文实在没多少好分析的，老师可以把分析简化一些，而在有些实践性环节上可以设计得更充分一些。是不是可以让学生通过课文，联系生活中看到的人、事、物，来做一定的迁移？是不是可以和写作指导结合得更紧一些？这样就使学生的言语实践更充分。阅读教学的价值，有时并不在于课文有多少深刻的东西可以挖掘，而重在借助课文阅读作适当的迁移学习。”如果说本课的教学作了迁移的话，那么这种迁移并没有对写作方法进行“移植”，而是重温了最值得作者怀恋的饶有兴趣的点——捉鱼戏虾。对怀旧点的擦亮，使得学生有话可说，有情释放，触动了学生的驻留经验，释放了儿童的游戏天性，使习作的过程变成了回味幸福的过程。最重要的是，这个迁移点的选择，不是为写而写，而是将悟情与表达有机结合，做到了双向促进。

附：学生习作

捉鱼戏虾乐

五年级（1）班　刘志扩

我们赤脚站在冰凉的水中，透过清澈的溪水，轻轻扒开它们的快乐老家，细细查看，用手摸摸这儿摸摸那儿，看是否有小鱼留下的蛛丝马迹。忽然，我的手摸到了一个润滑的小东西，那小东西如光电般东躲西藏，竟然想从我手心里逃之夭夭，门儿都没有。我屏息，蹑手蹑脚，走过去，定睛一看，哈哈，刚摸到尾巴，它的后脑像长了眼睛一样溜之大吉，还不屑一顾地回了下头，好像说：“没门儿，咱走窗户。”我急了，乱拢乱扣，经过几个回合，它累了，我抓住机会，十指合拢，把它放入玻璃瓶，心里狠狠地说：“进去吧！这里可只有天窗。”

一会儿我又发现了一只小螃蟹，看它的样子，虽如临大敌，但临危不惧，挥舞着大钳子，好像要给我来个下马威。我折了一根树枝，用枝头挑逗螃蟹，它一下了夹住了，我把它翻了过来，螃蟹挣扎着，好不容易翻了过来又被我翻了过去，三番五次才束手就擒。

现在我已经过了古稀之年，一想起当时的情景，我就忍不住想笑出声来。

捉鱼戏虾乐

五年级（1）班　曲俊宇

我慢慢地将脚伸进水里，小心翼翼地拨开石头，心里想着一定要捉到小鱼。没想到它还敬酒不吃吃罚酒，我伸出双手来了个饿虎扑食，没想到却扑空了，弄得全身湿淋淋的像个“落汤鸡”。再看那鱼，还溜得挺快，一瞬间，便无影无踪。

我是不会罢手的。我蹑手蹑脚地摸到另一条小鱼前，双手合拢，终于捉到了，不过这次搞得有些惊天动地，吓得其他小鱼惊慌失措，全部逃之夭夭。我正要把这条小鱼装进小瓶时，它三扭两扭竟从我的指缝中挤出去了。

我并没有灰心，我就不信你这个小不点能和我这个庞然大物相提并论。几番周折，终于想出了一条妙计，我蹲在大石头旁边恭候着鱼大爷，以逸待劳、以静制动，没想到鱼真中了我的计，我一下子逮到了一条。

如今，我已过了古稀之年，显然不能再在河中嬉戏，不能再在水中捉鱼，不能再在溪中耍水，但是我不会忘记我童年时的美好时光。

写作教学中的预设与生成

教学真的很奇妙。

有时，“有心栽花花不开，无心插柳柳成荫”。

有时，本以为“无可奈何花落去”，没想到“似曾相识燕归来”。

莫言骄阳热，嘉木应有阴

——记一次作文教学

二八月乱穿衣，此话不虚。清晨还是又阴又冷，等到了8点左右的时候，却骄阳似火，毒日横空。开学庆典是早确定的日子，于是全校师生搬椅抬桌，云集于操场。学生开始还兴高采烈，井然有序，可是过了一会儿，晒得连头也抬不起了，谁还敢跟那炫目的阳光对视呢？

本来提前安排了学生进行现场观察，记住典礼顺序，回来后在去年写过的开学庆典的基础上写一写今年的开学典礼经过。可是这次庆典令学生大失所望：一是场面没有去年那样隆重热烈，二是难耐的高温使他们心烦意乱，领导讲话并不能引起他们的兴趣，估计会如过眼云烟。我心中也直埋怨领导的“按部就班”，虽然表面故作镇静，其实也热得如坐针毡、心绪烦乱，无心再让学生写此内容了。

晚上自习的时候，总感觉布置的事情应该有始有终，于是，还是把“开学典礼”四个字板书在黑板上。学生上学年写过同类习作，当时场面盛大，所以很多学生能够按顺序将庆典的经过较为生动地再现出来。而这次，学生暴晒了一个上午，现在一看到这个题目，就立刻有如再触骄阳，无奈地“唉”了一声，随后将头低低地垂了下去，理也不理我了。

不能就这样“鸣金收兵”吧！

看到学生无精打采的样子，我灵机一动，马上拿起粉笔，在“开学典礼”前面加上了两个词语，一个省略号，于是，黑板上便出现了这样的题目：难耐的（难熬的）……的开学典礼。有几个学生抬起头，读了一遍，立刻摸着头，先是嘟嘟囔囔，后来又窃窃私语起来。

“上午的时候，我们参加开学典礼，大家感觉怎么样?”我面带微笑地问。

“不怎么样?”胆子大的学生毫不隐讳自己那抵触的情绪。我分明感觉到，我的话已经触到学生心中的那团“火”。

“太热了，简直要把我们热死了。”

“是的，当时要是有一桶凉水浇到头上该有多好啊!”

“老师，别写这讨厌的开学典礼了。”

“老师，求求您了。”

有开头的，学生便七嘴八舌。见到他们的情绪有些活跃，我也“顺水推舟”。

“是的，我当时也热得受不了，我也不准备让你们写了，可是光说热得受不了，有谁信呢？人家校长不也是在阳光下发言的吗？假如要说动、感动校长，你都准备说些什么呢?”

“应该说说天气炎热的情况。”

“应该说说我们在烈日下的样子”。

“还有我们难受的程度。”

“老师不是在题目上写了‘难耐’‘难熬’吗？应该说说怎样难熬的?”

“老师，我们心里怎么想的，能说吗?”

“当然能说，怎么想的就怎么说，不说心里话用什么来感动校长呢？刚才大家想得很全面，假如校长真要听听我们刚才提到的那些方面的内容，那你打算怎么说呢?”我见时机成熟，马上又“怂恿”了两句。

一听要对校长诉苦，学生的话匣子又被打开了。

“我们坐在操场上，阳光明晃晃、火辣辣的，刺得我们只得眯着一双眼睛。”

“火辣辣”“明晃晃”两个词语又把我们带回了上午操场的骄阳下。

我向刚才发言的同学翘了翘大拇指。

“我们有的用衣服挡住太阳，有的用衣服包住了头，有的把头钻到前排同学的椅子下。”

“三个‘有的’把同学们难耐的样子勾勒了出来，校长听了也会脸红的。”

“黄凯强都热得鼻子流血了。”

“是的，黄凯强鼻子直流血，是我给的假，让他到水房去洗的。”我也加入了“诉苦”的行列。

……

“虽然酷热难当，可是整个会议就真的没有让你心动的地方吗?”苦水已倾吐，应该找点别的话题了。

“没有什么心动的。”

“不对吧。当时最后一个程序是颁奖，我发现你们一个个都抬起了头，眼神也变了，当时你们就没有一点想法吗?”

“哟，怎么能没有呢?”

“见到我们班的田云祥站在主席台上高高兴兴地领奖，我都羡慕死了。”

“我抱着衣服，踮着脚朝主席台张望，真怪啊，那时候，竟把挨晒的事抛到脑后去了。”

“看来，除了挨晒之外，也有值得记住的事情。”

……

“好了，现在请你们再看一看习作的题目，是不是感觉有写的内容了?”

“啊！老师还是让我们写呀!”

不过，这时的他们一个个心悦诚服地取出了草稿本，教室里只听见笔尖的沙沙声。

思考：四年级的学生还是凭直觉、靠印象、据喜好看待事情的。他们被晒蔫的头不会对火热灼人的阳光“感冒”的。此时教师如果仍按惯常的思维，按典礼的常规程序让他们去写去记，简直就是牛不喝水强按头。可是，任何事物都有两面性，学生不愿意写，总有不愿意写的一堆理由，如果教师能替他们为这些理由或是苦衷的倾诉提供适宜的平台，营造适宜的氛围，那么学生心中涌出的涓涓流水不就能为阴阴之木送去清清凉凉的滋润吗？所以说，教师如果具有资源意识、具备随机应变的策略，那么即使在骄阳下同样也可以演绎出三分精彩。

附：学生习作

难耐的开学典礼

四年级（2）班　张学佳

今天是我们学校的开学典礼，我们高兴得很，就连早自习的时候我还在想：开学典礼和去年的一样不一样，放不放和平鸽，放不放大礼炮。

终于熬过了早自习和第一节数学课，到第二节上课的时候，书法老师通知我们马上参加开学典礼，我们听了，就像从笼子里飞出的小鸟，大呼小叫地搬着椅子跑出了教室，奔向操场，由于我拿的东西太多，还让任东泽帮我搬着椅子。

到了操场，我们待了十五六分钟，典礼开始了。火辣辣的太阳把我们晒得额头直冒汗，刚想抬抬头，眼睛就像触到了电焊的弧光一样，赶紧眯成了一条缝；扒去上衣，仅剩下一件背心了，可肩膀上像被无数的麦芒刺着，火烧火燎的疼；只得重新穿上外衣，不一会，汗水顺着脊梁直往下淌，里面的“洗浴中心”正式开业了。吕占钊带的水瓶可遭了殃，我们把他的水给“抢劫一空”。呵呵，没有一滴水的吕占钊被明晃晃的太阳晒得只好钻到椅子下面，有些顾头不顾腚了。

我巴望着还在念稿子的领导早点念完。

我想对他们说，再选这样的天开大会，都要把我们“晒”跑了。

作文教学中“生成”的“预设”

“哗——哗——哗……”

教室里传来了阵阵的掌声，这是学生们最喜欢的日记宣读活动。

从三年级开始，教材中就安排了习作任务。习作（一）要求学生把一件自己见到的、听到的事情写下来，还特意列举了起床、洗脸、刷牙、打电脑等生活中常见的小事，指出这些都是可供习作的实例，借以拉近习作与现实生活的距离，降低习作的难度。

考虑到从二年级开始，我就指导学生进行写话练习，现在同学们都能写简单日记的实际，为了使学生的日记和要求的习作自然接轨，让他们对习作产生亲切感，消除他们对习作的畏惧心理。习作课前我特意安排了优秀日记宣读的环节，期许将习作的指导淡化，侧重引导学生自我发现，寻到让他们自我提高的方法……

伴着前面的宣读，学生的评议也相应进行着。无非是这件事情有趣，那个词用得好，听着自己熟悉的生活被伙伴们写得妙趣十足，“听众”们不时送出会意的笑声。

日记读完之后，我要求学生翻开语文课本，直接读习作中的例文，然后和刚刚读过的日记比一比，找一找自己的成功之点，寻一寻自己的不足之处。本意是让他们通过比较，发现自己的日记和书中的例文都是写平常经历的小事的，对于课本里的习作其实也能写出来。

没想到小学生有时候也是唯书的。读了课本上的习作，他们竟忘了刚才自己的笑声，也忘记了自己对同伴的夸赞。让他们拿自己的日记和书上的例文比对时，倒找了好多条例文的优点：字写得漂亮、端正匀称；内容具体，把阿姨说的话和自己说的话都写清楚了；没有废话……

看来，我精心的预设效果不佳。孩子们还是被书上的铅字"唬"住了，这时再让他们回头找自己日记中的优点也难奏效，自己不免暗暗有些着急……

正在这时，第一排的年龄最小的泽昊又"行动"起来，该到他自我放松的时间了。只见他把文具盒打开，欣赏起自己的文具来，片刻之后，他拣出一支钢笔，慢条斯理地拧开笔帽，试探着捏起吸水的皮囊，捏来挤去，见没有什么动静，大概是嫌墨水太少了，就低下头悄悄地从桌洞里取出墨水瓶，拧开瓶盖，一板一眼、慢条斯理地把钢笔送进了墨水瓶……

教室里出现了少有的安静，学生们也随着我的目光"欣赏"着他的一举一动。呵呵，再看看泽昊，还是那样"聚精会神"。

"事"既然发生了，何不叫大家看个分明呢？我索性顿了顿，发现有的学生将目光移向了我，有的则忍俊不禁，使劲地捂住自己的嘴巴。我忙将手指竖在嘴边，朝着泽昊的方向努了努嘴……

可能小家伙感觉到静得出奇，有些纳闷，便抬起了头，向周围悄悄地瞄了两眼。呀！没想到大家全都盯着自己，他的脸"腾"地一下全红了，头又缩了回去，两只手抓来挠去，嘴里还不知嘟囔着什么……

他的"戏"只能告一段落了，有几个男生嘻嘻地坏笑着，分明是催我出场呢。

我轻轻走过去，没有说什么，把他的钢笔拿在手上，然后将笔帽拧上，当我转身准备放到讲桌上的时候，忽然听到背后传来这样一句话："哼，我那支钢笔正没用呢！"回头一看，他还在和同桌嘀咕着，小嘴一撇，一副毫不在意、满不在乎的样子。我真的有些"生气"了，又转回身："把你那两支钢笔也送给我吧，反正你也没有用。"说着，就做出拿另外两支钢笔的样子。小家伙这回急了，两只手紧紧地捂住文具盒，还将上身趴在上面，哼哼唧唧地说："不行，不行，这两支笔我还要用呢。”那副小嘴脸，就像是被“捉弄”的二三岁的小孩子紧紧地护着自己心爱的玩具一样……

“既然没用，快给老师吧！”

“上课不听讲，把他的钢笔没收。”

“老师，他还嘴硬，快给他没收。”

……

有的学生开始起哄了。

小家伙马上就蔫了，耷拉着脑袋，他知道已经犯了“众怒”。刚才那说话时的得意劲儿毫无踪影，连和我对视的勇气都没有了，可怜兮兮地盯着我伸向他的那只手……

我被小家伙那又滑稽又可怜的样子逗乐了。我感觉是时候了，又重新走回到讲台上。

“谁能把刚才发生的事情说一说？”

呵呵，举手的可真不少。

雅琦站了起来，她不假思索，张口就来：“星期五上午第二节是语文课，我们都在读日记、读课文，泽昊同学却把自己的钢笔偷偷地拿了出来，若无其事地摆弄着……

这个孩子一气呵成，把事情说得通顺完整，只是有些细节没有注意到。

“雅琦说得既通顺，又明白。因为我们每个人都在场，所以听到她讲述泽昊摆弄钢笔的时候，我们会自然地想到刚刚经历的场面。可是如果没有到过现场的人听到之后，肯定还想知道他是怎样“若无其事”地摆弄钢笔的，在课堂上摆弄钢笔会不会挨批评，后面发生的事情谁还能详细补充？”

马上有一个学生站起来：“泽昊对同桌刘畅悄悄地说‘那支钢笔我正好没用呢？’，我离他们很近，刚刚能听得清。”

刘畅赶紧站了起来，补充道：“是悄悄的，他还朝我做了个鬼脸呢！”学生们听了以后，都“哄”的一声笑了。

“老师走下讲台的时候，他还在若无其事地准备吸墨水呢。”

“谁能把他怎样摆弄钢笔、怎样吸墨水的动作说一说？”

孩子们继续补充着，没想到泽昊也抬起头，把手举了起来。

“刚才的事，只有你最有发言权，你快来说说。”他完全忘记了自己刚刚受过责备，整个过程说得完整细致。

“你刚才低头在想什么？”我又追问了一句。

“我在想，上课可不能摆弄钢笔了，如果那两支钢笔让老师没收了，我可就惨了。”说完还吐了吐小舌头。

我和同学们又被他那滑稽的样子逗乐了。

“这可是你说的，男子汉说话算数，好吧，这支钢笔也还给你吧！”

“谢谢老师。”小家伙腼腆地笑了，小心翼翼地把钢笔放回了文具盒。

“同学们，刚才发生的事情你们能写下来吗？”

“能。”孩子们异口同声。

“写的时候要注意点什么呢？”

“应该把时间地点先写清楚。”

“最主要的是把他怎样玩钢笔、怎样吸墨水的动作写清楚。”

“如果把他说过的话、说话时的神情写下来，就更有意思了。”

…………

“如果把我们身边发生的事都这样回忆一番，这样细致地写下来，那就是习作，习作就这么容易。大家读一读 14 页的提示，可以从那里面选择内容，也可以写刚才发生的事。”

教室里再度安静下来，只能听见笔尖和纸面轻轻地耳语……

本以为“无可奈何花落去”，没想到“似曾相识燕归来”。

不务正业"捉迷藏"，为学生提供日记素材

苏教版教材三年级下册《赶海》一文很受学生的喜欢。一方面是北方的学生没有赶海的亲历，觉得新奇有趣。另一方面是课文语言生动活泼，贴近儿童。尤其像对"嘿、哎、咦、哦"等几个感叹词语的运用，使朗读者情不自禁地沉浸于逮鱼摸蟹的融融乐趣之中，为文章添色增辉不少。

可能是基于第二方面的原因，课后题安排了让学生体会句子表达情趣的练习，还安排了让学生说自己童年趣事的练习。表面上看，这两题一读一写，互不相关。可读写有机结合，内容和形式才能被学习借鉴，这才是着眼于运用的语文学习。

课文读完之后，我没有布置具体任务，只是轻描淡写地说："海边的乐趣我们暂时无法去直接领略，我们就在教室内做个游戏轻松一下吧。"从来没有在教室里做过游戏的孩子们，个个睁大了眼睛，有些疑惑地望着我。

我笑着对孩子们说："有些不相信是吗？现在就准备开始，就是你们常玩的捉迷藏。只不过，我们今天是在教室里玩，看看和在室外玩的感觉有什么不同。"

接着简单地讲了游戏规则。"一个学生蒙面在教室里找同学，同学们可以悄悄地躲藏，实在躲不开的，就静静地站在那儿，让这位同学摸摸头，摸摸脸，如果猜对了，就请被捉的同学再接替找下去。"

游戏开始，教室里喧闹起来。有的学生悄悄地拉上同桌，躲在椅子

后面；有的觉得在自己的座位旁边不安全，就跑到了课桌后面；有的觉得跟着我最安全，扯着我的衣角随我挪移；有的见到蒙面人过来了，嘻嘻地笑着“不甘束手就擒，正东逃西窜呢”……

蒙面的牧石是个淘气的小家伙，开始的时候，双臂前伸，东一把西一把，试探着往前移，划拉了好一会儿，周围全是乱哄哄的声音，就是抓不到一个人。忽然，他站在原地不动了，而且站了好长一会儿。“咦，怎么不抓了?”终于有的孩子忍不住了，就在嘀咕的同时，却听到了“哎呀”一声，许展硕被他逮住了，虽然苦苦挣扎，可就是不敢再出声了，直憋得小脸通红，任凭牧石在自己的脸上捏来摸去……

“嘿，可抓到一个，你就是许展硕……”

“停，游戏结束。”我在旁边喊了一声。

“哎，时间太短了，还没玩够呢。”有的学生叫着，有的噘起了小嘴，呵呵，挂油瓶一点没问题……

“先不玩了，我们来说说吧。”

我的话一出口，有的学生就明白过来。

“哦，是让我们说啊!”

“不但要说，今天晚上肯定就写这篇日记。”

幼蟹历险记

——日记素材偶得

“儿童散学归来早，忙趁东风放纸鸢。”

塞外三月，虽未草长莺飞，孩子们却春意萌动。

下午上课之前，本打算到教室里找本书，没想到学生三一攒儿，俩一伙儿地在叽叽喳喳、吵吵嚷嚷。见我进来，他们的小嘴倒是拢住了，可手上的东西却一时无法藏掖。再看，他们有的拎着塑料袋，有的拿着学具盒，还有的端着割去上半截的饮料瓶，愣怔怔地看着我。手头没东西的倒有几个，不过，他们却伏在课桌上窃窃地笑。

我有些纳闷，学生在搞什么名堂。往前凑近几步，发现地面上湿漉漉的，有的地方还有一小滩水。仔细一看，原来每人手中都有一只新买到的小螃蟹——怪不得通往校园的小区里蹲着几个小商贩。

这么多小螃蟹被带进了教室，上课时都得藏在桌箱里。到时候学生还不得眼观六路，手摸八方。别看此时他们都规规矩矩，不给他们点儿提醒，一会儿非乱套不可。再看从门外进来的，嘻嘻哈哈的手里也提着塑料袋。这么多买的，图一时新鲜的多，找“感觉”的少，何不让他们留下点“深刻”印象呢……

赶紧酝酿感情，之后一声“断喝”——“全都放到后面去。”再看学生，爱不释手者有之，满脸沮丧者有之，更有的“上缴”之后不解地看着我。

有点“伤心”了，但似乎还不到火候。

“谁要上课时不专心，再去玩你那小螃蟹，我就几脚结束了它们的性命。”我使劲绷着脸，生怕这“戏”演砸了。

听了我的“吼吓”，学生虽然都吐着小舌头，可还是都乖乖地将小螃蟹送到了教室后面。我暗自得意，看来自己还有点“震慑力”。

话虽然这样说，孩子毕竟是孩子，玩，总归是他们的天性。他们听课时虽然没有左顾右盼，作业时却悄悄地朝自己的小螃蟹“暗送秋波”。这不，下课铃刚刚响过，胆小的女生便凑在一处嘀嘀咕咕：“完了，咱们的小螃蟹没命了。”“哼，还让遵循自然之道呢，咱们的小螃蟹还不如《自然之道》里的小幼龟呢。”胆子大的男生则围在小螃蟹旁指指点点，一副多愁善感的样子。有的“鬼精灵”则有意无意地拢在我身边，这个要帮我拿书，那个要帮我搬本，不过眼神里却是无限期待。没有买小螃蟹的，还做起了“和事佬”：“老师，就给他们吧，他们再也不带了。”我则“正襟危坐”，一概“视而不见，听而不闻”。

估计“煎熬”的火候差不多了，该给他们布置“作业”了。往日总有几个学生边听边收拾文具，今天的教室却分外安静。学生们故意磨磨蹭蹭——我知道，他们要等我的下回分解。我故意走到没买螃蟹的同学跟前，问那些同学的螃蟹是在哪儿买的？

“老师，就在小区的道路两边，卖的有好几个人呢。每年的这个时候，他们都会来这里卖。

“这小螃蟹好玩吗？”

“好玩着呢。它们都有八只脚，放在地上，它们就横着走，可有意思啦。”

“它们还有两只尖尖的‘大钳子’，不小心被它夹住的话，那你可就要遭罪了。”

那些买到螃蟹的学生，见我不再“声色俱厉”，听那些没买到螃蟹的同学的应答，有的吞吞吐吐，有的词不达意，先还是小心翼翼地“添油加醋”，后来则七嘴八舌帮上了腔，于是你三言他五语，什么外形了，什么习性了，自己如何被小螃蟹夹住了，竟说了个忘乎所以。

“把螃蟹放到后面，心里好受吗？看你们嘀嘀咕咕那样子，我的坏话你们肯定没少说。”

他们看看我，又相互看了看，有的小脸“腾”地一下就红了。

……

“想不想拿回你们的小螃蟹？”

“想。”几个男生应声道。见我没马上表态，几个“鬼精灵”假惺惺地嘟囔着：“不想，我们……我们……我们不想要了。”

“哼，你才不想要了呢？净来虚的。”随着话音，几双白眼狠狠地抛了过去。

“今天老师想还给你们，怎么样？”

“刷”，头都抬起来了，虽有些半信半疑，但眼睛都亮得发光。

“为什么不让你们带小螃蟹，我也不用细讲，一下午你们应该想明白了。不过，还给你们，也是有条件的，每人晚上必须写一篇日记，题目都替你们想好了——《幼蟹历险记》。谁如果写不好，明天再把螃蟹端回来，小螃蟹没命可是你们自己害的。”

“没问题，我们保证写好。”几乎是异口同声。

“呵呵，我们又被老师给‘耍’了！”

“老师，你再等一会儿，我们现在就写……”

说着说着，有的就笑嘻嘻地凑近了小螃蟹。不过，马上又跑回来，摊开了笔记本……

本以为自己的小螃蟹没得救了，尤其是花高价买大个螃蟹的两三个同学，此时也破涕为笑，眼睛都眯成了一条缝。胆子最小的黄煜敏一会儿就笑呵呵地捧过来日记本，一读，我也笑出了声，她竟是用小螃蟹的口气写的：

幼蟹历险记

我叫螃蟹，是一只幼蟹，可我现在却被卖掉了。

买我的人是个小女孩，她把我放在一个塑料盒子里，带进了学校。

刚带进学校的时候，女孩给我一些食物，还给我的盒子里放了点水，我吃了好多好多，心里还美滋滋地想：比我刚出生时好多了，水也不凉，也没有天敌，还衣食无忧，寂寞就寂寞点吧。

下课的时候，小主人又把我从塑料盒里拎出来，放在地上，再看看四周，还有许多“难兄难弟”，肯定是被一块儿买回来的，同病相连，我们很快就打起了招呼，呵呵，它们中间还有我的朋友呢！那被男孩子买到的几个兄弟就惨了，它们被捉来撵去，还叫着号让它们拼个你死我活呢。哎，现在一想，还是自己的老家好啊！

我和朋友们没聊上几句，上课铃声就响了。小主人刚把我撵回“房子”，就听到可怕的一声吼：“全交上来，都放到后面的洗漱桶边上去。”那吼声真管用，一会儿工夫，我们这些难兄难弟又聚首了。再看那些对我们颐指气使的小男孩，一个个的脑袋像被霜打过了一样。我们可高兴了，总算遇到了救命恩人，没准儿就被这个人放生了呢。还没等我们手舞足蹈，那可怕的声音又来了：“谁上课不专心，我就先踩死他的小螃蟹。”“妈妈呀！太可怕了。”我惊呆了，“我这阳光少年就要被活生生地踩死了，还不如让我们‘战死沙场’弄个勇士当当呢。”我的那些朋友们也全都吓晕了，一个个垂头丧气、无精打采。反正都是个死，还不如死得“壮烈”点，我给自己壮壮胆：“不怕，我厉害着呢，我拿我的大钳子一夹，他也死翘翘了，哼，想和我斗，你还真嫩了点儿。”可话是这样说，我还是怕，偷偷地看看那只脚，天呀，十个八个兄弟凑在一起也扛不住它啊！我急得在我的“房子”里转来转去，不时地抬头找我的小主人。我那小主人也够窝囊的了，只在上课的时候悄悄地瞄了我一眼，下课的时候，连声告别的话也不来说上一句……

不知过了多久，教室里又热闹起来了。那可怕的声音忽然变了，和那些男生女生又说起我们的事情来了。还不时有人跑过来看我们一眼回头再说，不知道他们怎么把“那可怕的声音”感动了，只听得一声：“今天老师想还给你们”，教室里就是一片欢呼。啊，那可怕的声音原来是他们老师的。

不管怎么说，我们还是得救了，这个“是非之地”真的是不能再来了。想想他们老师的那只大脚，真是险啊！

口语交际与剧本创编

人教版教材五年级下册第三组课文接触到了两种不同的语言艺术形式——剧本和相声。

剧本虽然以对话推进故事情节，但是在创编的时候，也要简明扼要地将故事发生的环境、人物的神情动作等情况在对话之前或之中先行交代或适时介绍，以便表演者对角色准确把握并惟妙惟肖出人物的特点。

第三组的口语交际安排了“劝说”的内容。既然是劝说，那至少要两个人才能发生。而且劝说一旦发生，肯定事出有因。如果对“积陋成习”“顽固不化”的人物进行劝说，不言明利害，动之以情，并条理清晰，言简意赅，恐难达到理想效果。于是，劝说前应该有个酝酿的过程。生活中亦如此，只不过，有的人思维敏捷，思考的时间短暂甚至可以边说边想，但对于小学生而言，既要给予其思考的时间，也需要一个反复实践的过程。

所以，本次口语交际提出如下要求：“先说说你打算针对什么事进行劝说，再商量一下怎样劝说会更有效。小组交流之后，可以进行模拟表演。”

因各人“打算”不同，“商量”则一时无法统一，如此会消耗时间，效率过低。这两个过程，怎样使全体学生都经历呢？剧本的编创则可以担当此任。于是，以劝说为动因，将劝说的经历写成简短的剧本，定稿后“志同道合”者携手合作，共商“有效”之策，然后模拟表演，大家评说。

如此进行，不但保证了口语交际的质量，学生在轻松的氛围中还尝试了剧本的创编。

一石二鸟，何乐不为？

附：学生自编剧本

劝　说

五年级（2）班　于佳奇

时间：中午12点

地点：放学路上

人物：小红、小林

[一个阳光明媚的春天，小红和小林正走在回家的路上，前面不远处有一个垃圾箱。]

小红：有点饿，得快点回家了。

小林：我都饿死了。

小红：给你这根香蕉吃吧，你不是饿了吗？

小林：那我吃了。

[边说边把剥下的香蕉皮扔在了路边。]

小红：小林，前面不就有垃圾箱吗？

小林：没事的，现在扔的人太多了，不只是我一个。

小红：（迷惑不解）怎么不是你一个，你看周围有垃圾吗？再说，你还是我们班的“文明小使者”呢？

小林：（漫不经心）这也不是学校，反正只有咱们俩知道，只要你不说就行了。你也饿了，咱们还是快回家吃饭吧。

小红：别忘了，咱们还写过有关环保的作文呢？你深刻地写出了环保的重要性，还得了一等奖呢。

小林：（笑嘻嘻地）过奖，过奖。

小红：你明明和老师同学说过要做一个节约能源保护环境的小卫士，当时我们听了都特别受感动。原来你说话不算数啊！

小林：反正老师这时也不在身边。快点走吧，饿死我了。

小红：如果你说谎的话，我首先就不和你做朋友了。

小林：（一愣，脸色一红）是我错了，我不该口是心非。我这就去捡起来。

［小林弯腰捡起扔掉的香蕉皮，放在了垃圾箱里，两人又高兴地走在回家的路上。］

反思：口语交际，主要是通过言语实践，提高学生口头语言的表达及应对能力。其训练的途径也应该是创设适宜的情境，然后面对面的直接交流，使学生根据表达时的情况有效应对并“产生”恰切的言语。但是，能力的提高毕竟有个过程，尤其是对于一些“应变”和“应辩”能力相对较弱的学生而言，给他们一定的时间，让他们思考并梳理自己的语言，从“有备而来”逐渐到“随机应变”，能力才会循序渐进，逐步提高。

对于学生而言，仅仅认识剧本这种语言表达形式还是不够的。怎样由认识这种形式到形成这种形式，需要一个梯度，需要一个过程。劝说的事例来自于学生的生活，想象这个过程其实就是还原学生自己的生活，这就为剧本的最初编创提供了熟悉的情境和轻松的氛围。

老师，我们自己表演行吗？

——“当有人敲门的时候”口语交际教学偶得

苏教版教材三年级上册第二组的口语交际材料“当有人敲门的时候”给出了两幅插图：第一幅是熟悉的同学来敲门，自己准备开门迎接的镜头；第二幅图是一位同学自己在家，有陌生人前来敲门，她通过“猫眼”发现此人形迹可疑，于是拒绝开门的特写。本次口语交际，不仅要培养学生与生活息息相关的表达应对能力，也要增强学生的防范意识，使其学会自我保护，以适应社会生活。

迎来送往在孩子们的日常生活中经常发生，所以他们对此话题显得异常兴奋，还提前准备了道具——椅子、茶杯、课外书，没想到他们想得这么周全，对客人蛮热情的。

小组交流准备之后，“表演”开始了。

一向文文静静的学玲约了伶牙俐齿的牧石来到了教室门前，两人低下头嘀咕了两句，牧石就闪到了门外。

“砰——砰——砰”有节奏的敲门声响了起来，学玲刚想拉开门闩，将门闪开一条缝，可是一见门锁的保险链还没有扣好，就拿起保险链向锁槽塞去，越急越出错，过了好一会儿才扣妥当，门缝外的牧石一脸焦急。

“你是谁啊？”

“我是你的同学牧石啊！”

“哟，是牧石啊！快进来。”交际开始了。

牧石走了进来。

“你来干什么?”学玲问了他一句。到底不是在自己家里，教室的影子在她心里挥之不去。还是牧石反应快，“你不是约我一起写作业吗?你怎么这么快就忘了。”

“瞧我这记性，约好的事情我都忘记了，快请进，我给你端水果去。”

……

“我们来评一下，他们两人的表现怎么样?”我提出了要求。

“学玲对同学有礼貌也很热情。”快言快语的雨蒙抢先发言。

“我觉得学玲在开门的时候耽误了很长时间，应该向自己的同学说明情况并致歉意，这才叫有礼貌。”坐在前排的王佳发现了问题。

“那应该怎么办呢?”

“有人敲门的时候，应该先扣好保险链，然后才能开门，这样才安全，如果开门的时间长，应该说，你稍等一会，我的锁不好开。”

“真懂事，看来你在家，接待同学真是既热情又周到。”

王佳听了我的表扬，抿着嘴笑了笑，还有些羞涩。

“老师，让我们自己表演行吗?”

急性子的佳奇站了起来，我不由一愣，“老师并没有干涉你们啊，现在的表演不就是你们自己组织的吗?”

“不是的，我的意思是说我们每家每户的门都不一样，有的家里的门根本就不用保险链。”我恍然大悟，刚才的表演，是根据图上的内容“排练”的，恰好班级的门也有保险链。再说，接待自己要好的同学是不需要客套的，学生感兴趣的是如何面对危险，面对歹徒。怪不得下面总有嘀咕“拿刀、拿刀”的声音，原来是有的孩子已经读过口语交际的辅助教材，遇到危险应和家人联系，和警察联系，这些应对方式已然清楚，那么他们要自己表演，究竟有何应对的妙策呢?

“佳奇很有自己的想法，我们演练，不一定按照书上的画面来进行，也不要把补充教材当成剧本，要想到日常生活的实际情况，还要有些创意，因为生活中什么事情都可能发生的。佳奇，你打算怎样来表演？找两个伙伴试一试。”

佳奇站出来，环顾着教室。“找我。”“找我。”好多同学讨好地望着他。这个孩子倒是有主见，从每一行中找了一位，聚拢后先在教室前面嘀咕了一阵。

“咚咚咚”，敲门声又响了起来。

“谁啊？”

“我是你妈妈单位的同事，你妈妈怕你忘记写作业，让我来帮帮你。”

“帮我写作业，太好了。”（刚想开门，拍了一下脑门，又住了手）“我得看看是谁？”在室内的是文博，小家伙显得“沉着老练”。

文博搬了一把椅子，小心翼翼地站在上面，把头贴在门玻璃上，自言自语着：“不对啊？没见过妈妈单位有这样的同事啊，怎么不像好人呢！”他跳了下来，趴在门缝边说：“我知道作业了，你回去吧。”

“我是你李叔叔，刚刚分到你妈妈单位的大学生，是你妈妈让我来帮你写作业的，你就把门打开吧。”

“大学生，我才不信呢，没见过这样的大学生。”

“李叔叔，我自己会做，你请回吧。”

“我来了，总得让我进去坐一会儿吧。”

“他不想走，怎么办，（略一深思）有了，有了，（故意高声喊道）爸爸，爸爸，你快来，妈妈班上有位李叔叔来了，你认识他吗？”

刚表演到这儿，天真的宇航站起来了，“你自己在家，怎么喊起爸爸来了？”还没等文博解释，前排左侧的鲍天站了起来：“人家是吓唬坏人呢。”“是的，你打断了人家的表演。”“如果文博能模仿爸爸回答的声音，坏人就更不敢进来了……”

玄机泄露，表演无法进行了，几个“歹徒”也嘻嘻哈哈地走进教室。

“假如被人家发现，你们怎么办？”我笑着对“歹徒”说。

“我们早就躲起来了。”

“如果发现了，我们就说走错门了。”

我不由一惊，谁说他们是小孩子，他们比我可机灵多了。难怪他们要自己表演，换位思考，如果我是他们中间的一员，有人在前面鼓唇弄舌、唾沫飞扬的，我也……

“哪一组还有妙招，再给大家表演表演，让我们也都长长见识?”我的话音刚落，又有三组同学跑到了教室的门口……

反思：本想按部就班地根据教材意图，将学生如何礼貌热情地接待同学，以及遇到可疑的陌生人如何联系家长和报警的过程在“情境”中重现。可是，在实际的教学过程中，却发现学生在接受了家长及一些资料的多方“教诲”之后，并不满足于现状，他们对危险的出现自有应对的方式。尽管是在特定的情境之中，离实际生发的事件氛围还有所差距，但是，还学生自主的地位，给他们打造适宜的平台，那他们的演绎何止“柳暗花明又一村”。有如此的“经历”，即使这些策略不能全部为其所用，可真正有特殊事件发生的时候，他们的潜意识里会有许多办法在暗示或稳定着自己。所以说，教师不要小看孩子。这也说明，教师不但要为学生打开语文之路，也要为学生推开智慧之窗。

听听孩子们的意见

——论孩子们的课外阅读取向

胡宵豪同学：

你好！

听说你们班在交流课外阅读的时候，你与张弛同学发生了争吵。对于你的观点，如果是一年前的我，肯定是同意的，可现在却不敢苟同。

为什么说以前的我会同意你的说法呢？因为我以前也是个漫画迷，对《哆啦A梦》《老夫子》情有独钟，下课就看，上课也看。哪怕是上下楼梯我也是人不离书，那段时间我一直嫌下课的时间短，满脑子全是漫画，结果学习成绩不断下滑，不时地受到家长的责备。后来听了老师的建议，和同学们一起读《格林童话》《乌丢丢的故事》，开始还不习惯，可因为交流的需要，我就静下心来读了几天，渐渐地就找到了乐趣。再加上同学们都在改变，和我谈漫画情节的同学越来越少了，我就渐渐地减少了读这类图书的时间。学习成绩渐渐提高，尤其是习作，有时还能不自觉地用上点通过读书学来的词句，因而被教师点名站在讲台上宣读，那个时候，别有一番滋味在心头。

宵豪同学，估计你和我的年龄差不多，应该知道我们读书不光是为了取乐、消遣。如果你同意我的这些看法，不妨听听老师的建议，静下心来读一读老师推荐给我们的书籍，一段时间后，你的进步会让自己感到吃惊的。这类书读得多了，你还能自己寻找有关的书籍读。这学期我们马上就要学习《飞向蓝天的恐龙》，我提前就把《恐龙百科》读完了，在这本书里，我了解到的恐龙知识不但全面而且有趣。“甲龙的尾巴尤其厉害，它至少有30公斤重，结构就像中国的兵器——流星锤，你想想，一个重达几十公斤的大锤打过去，什么骨头可以承受得了呢?”读到这一段，你是不是感觉很好玩?

祝你

学习进步

你的读书伙伴：李晨

2007年12月5日

这是我们学完了《那片绿绿的爬山虎》一文之后，我看到的《小学教学》中的一个讨论话题。想到师生以前也为此类问题苦恼过，那学生现在对这个问题会怎么看呢？何不让学生仿照《尺有所短　寸有所长》的回信方式给当事人或是老师写一封信呢？于是，我略作修改，将话题中的“老师”换成“同学”，然后将其呈现给学生。于是，便有了上面的回信。

透过两个班学生的回信，我发现学生的看法主要有三种，除了少数各执一端的外，两类书籍都同意读的学生为数不少。他们都像李晨一样，有一个阅读取向的自然转变过程，都是先从漫画类的书籍中寻到了读书的乐趣，随着时间的推移逐渐向经典阅读开始靠拢的。

静心思考，学生为什么有此转变呢？我们不否认教师携手家长，做了图书的推荐与阅读指导工作，并用读书汇报会等形式进行正面的引导和干预所取得的成效。但是，学生阅读取向的真正转变，主要是由他们自身年龄的增长，是非辨别能力的提高，知识需求的增强，信息量的满足等诸多因素决定的。毕竟课外阅读是他们个体自觉的行为。

从学生的书信中还可以看出，随着年龄的增长，学生对课外阅读的取向不但由朦胧到明晰，而且能合理安排两类书籍的阅读时机。“难道学习任务繁重的时候，我们就不可以捧起漫画轻松片刻吗?”这是他们提出的质询。正如林语堂先生所说：“所以读书不可勉强，因为学问思想是慢慢胚胎滋长出来。其滋长自有滋长的道理，如草木之荣枯，河流之转向，各有其自然之势。”我们应该遵从学生的身心发展规律，顺学而导，顺性疏导。如果一味放大“思想性”，贪图立竿见影的功利性，强制学生读书，结果可能适得其反。扪心自问，我们成人的阅读不都是从“小人书”“漫画书”起步的吗？怎么能当了先生就忘了学生。

当然，这里的漫画类的图书，绝不是指色情、暴力类的书籍，对这类书籍的取缔禁止，那是社会和教师、家长的道义与责任，不能与课外阅读的兴趣培养和方法指导相提并论。

慈善的不是钱，是心

——让学生持有一颗慈善的心

2008年5月19日，阴云低垂，人们的心也同样沉重。下午2：28分，举国上下，肃穆致哀。

东博学校四年级（2）班的教室里，默哀仪式结束后，全体同学仍沉浸在悲痛之中，他们再不愿捧起书本，旋开笔帽……

大屏幕上播放着《为汶川加油》的幻灯片。面对缓缓移动的不忍睹又忍不住不睹的一幅幅图片，学生们显得焦急而又耐心。废墟中的孩子、担架上的老人、病床上的阿姨……每一幅图片都揪紧了他们的心。教室里，静寂无声，只有热泪潮湿了双目。

幻灯片播放结束，又是一阵可怕的沉默。

终于，一个学生站了起来。

“汶川的叔叔阿姨们，你们不要悲伤，也许你们的孩子还活着，下一个救出的也许就是他。我虽然到不了你们那里，但是，我在这里，为你们加油！为你们祈盼，你们要相信，一切都会过去，一切都会好起来的。”

学生们抬起了头。

又一个学生站了起来。

“朋友，你静静地走吧，放心地走吧。让我为你点燃一根蜡烛吧！如果这根蜡烛被邪恶的风吹灭了，请你相信，世界上每一个善良的人，都会点燃一根蜡烛，温暖你前行的路，朋友！走好！”

学生们的头又埋下了，啜泣连连……

一个孩子又站了起来。

“大地震让我们心潮起落。我们日日夜夜地祈盼、祝福，如果天上真的有神灵，就请你保佑汶川的人们，让他们渡过难关，化险为夷。让汶川的人们和我们一样全家欢乐，让那里的孩子也有书念，不再心惊胆战。让我们一起祝愿汶川的人们平安脱险。”

学生们的头又一次扬起。

……

作为他们的老师，我也随着孩子们眼泪涟涟……

下课的时候，不由想到前联合国秘书长安南举行的一个募捐晚宴，邀请的全是富商和社会名流，可成为晚宴主角的却是破例准入的只捐了30美元零25美分的小露西，她的一句话感动了守门人也感动了很多人：“慈善的不是钱，是心，对吗?”是的，我的眼前是只有十一二岁的孩子们，他们前行的路还很远很远，常伴他们的是阳光、鲜花，但也免不了凄风、苦雨。无论是直挂云帆，还是激水中流，必须让他们时刻保有一颗慈善的心。

如何留驻孩子那颗心

每天总有学生告他的状，自己却永远有为自己开脱的理由，这就是本学期刚刚从盘锦来到本班的男生——尚楠——单亲，肥胖多动，口齿不清，辩解时眼睛比嘴巴动的快。对每一位刚刚认识的同学热情有加，聊上几句就可“勾肩搭背”，惹得人不胜其烦。上课喜欢下座交流，而且辐射范围极广。排队出操时，站在他周围的同学都不会寂寞，跑在他前面的同学需要慎之又慎以防“追尾”，节奏慢半拍，鞋子还常常被踩掉。

他对自己的东西常常忽略不计，三天已用坏四支钢笔，送进削笔机里的铅笔则不计其数。至于吃饭、购物，需有姐姐相伴，卡上的金额锐减还有据可查，餐卡丢到什么地方则无从记忆了。

尚楠的周围开始还聚拢着许多同学。多数是习惯使然，由人推己，想到自己刚到时同学们暖暖的手，而今也应报李投桃，守望相助。但是，许多同学与他渐渐地有些话不投机，第次而退，几个本学期刚来的倒是经常和他玩一玩。因为玩伴渐少，相互厮守的时间长，难免勺子碰锅沿。尤其是他上课时经常闲庭漫步，惹得老师也怒火难耐，批评几句他还百般辩解，振振有词，搅了正常的教学秩序。时间一久，学生也怨声载道，对其也“刮目相看”了。

过了一周，老师们渐渐发现这个肥胖多动的学生并不笨：字能写得横平竖直，习作的开头还总能别出心裁，尤其是对付数学的疑难问题，高兴时眼珠一转，字音虽有些含糊却总能说到点子上，对周围同学作业中出现的幼稚错误常嗤之以鼻。

学生暂时虽不买他的账，但是老师总也要沙里淘金，别说这“金”还在闪光。

操场。

集结站队。

为了不干扰四邻，尚楠的位置几番周折，换来倒去还是屈居排尾。但是，不甘寂寞的他还是和周边的同学发生了争执，并被校长当场抓住，叫出队伍询问始末来由。尚楠仍将自己择得一干二净，连校长历历在目的他也闪展腾挪、避重就轻。校长本打算教育他一二句，无奈他总是兵来将挡，水来土掩，气得校长连连叹气将他交给了刚到操场的我。

他的心中，学生才是主人——只是，莫问事情缘由。

宿舍。

尚楠的床铺已由通铺换到仅有的一张上下床的下铺——舍长的位置。

舍长也是无奈——让谁和他结为睦邻，谁都饶不了自己。

早上起床，专人提醒，教他整理，勉强通过。可三天过后，只将被子一团，坦然下楼。呼他整理床铺，他脖子一梗——到自习时间了。中午没有休息习惯，竟找到志趣相投者甩上了纸牌（带有机器人图案的卡片），搞得整舍的人下午上课时哈欠连天。

晚上查舍。他的床铺边围满了人，都是陪他吃喝的“哥们儿”。

第二天中午，被舍长勒令出舍。可他不知从何处寻到拖布棍一根，竟到别的宿舍“维持秩序”。

和心地慈善的舍管员王老师提及了他的所为，提及了他的家庭。老人心肠一软，将他的行李搬到了自己的舍管办。刚刚规矩三天，老人维修操场灯具时被灯罩玻璃所伤，于是舍管办真成了他的天下。他不但忍痛割爱，将自己的零食通融给六年级的舍管代表，还将舍管的手电筒斜挎在肩上，左手拿着记录本，右手拎着棍子，煞有介事地查起舍来。

结果是，巡查前按部就班，巡查后混乱一团。

第二天，告他的诉状铺天盖地。

班会。

“请大家想一想我们每个人刚到的时候，如果没得到老师和同学的宽容理解和帮助支持，能有今天的进步吗？”

默然。

“他是爱搞恶作剧，但不恶意攻击。他上课散漫，但学有所长。也许过去一段时间后，我们中的许多人会向他请教，也许若干年后，我们到盘锦会有一位热情款待你的朋友。”

阖首点头者有之。

尚楠伏在课桌上。安静。收拢双足于课桌下。

周日。

中午正常放假。男孩子如野鸟出笼，三一攒儿俩一伙儿，在校园里找乐。尚楠更奋勇当先，跟着几个小家伙寻来找去，竟来到了一座“乌山”（由刚运进的煤堆积而成）前，想必是轮番抢夺，胜者为王。别的孩子还有所顾忌，如此场面尚楠肯定是身先士卒，奋不顾身。将至傍晚，再回宿舍的时候，昨天刚刚洗过澡的他，已然面目全非，惨不忍睹。宿舍的王老师惊讶万分，连连追问。尚楠低着头，龇着白牙，喃喃地说：“我不是人，我不是人。”吩咐他快换衣服，刚退掉半截裤子，他又脖子一梗，“老师，我这腿还是白的呢。”

来到班级，他的手早被污渍浸染，没办法，殃及池鱼：明天检查全体同学的手脚卫生。

晚自习之后，发现他拎着水壶晃悠悠地向水房走去。

尚楠的习作有两篇仿写还颇用心，不但符合要求，《鲸的自述》一文还写到了人类对鲸的捕杀过程。这点知识我只是在上课时为了调节气氛随意提及，没想到引起了他的极大关注，下课后还追着我问个不停，原来是早有“蓄谋”。

评点的时候，我特意安排他在前面宣读，他边读我边点评，满意之情溢于言表。由于他忙着朗读，还要匆忙调整不够通顺的句子，未发现他喜形于色。

当做练习册和听写的时候，有的学生遇到困难总要眉头紧皱，轻叹一声。他听到之后，眉竖、目斜、嘴撇，音低而嗡：“哼，这还不会。”

表扬，得给他，不过得悠着点。

晚自习过后。总能看到尚楠的身影，他拎着闪亮的铁皮暖瓶，悠然自得地向水房走去。

王老师和他姐姐的督促提醒有了效果，他的卫生总算能维持一天。只是衣服早上焕然一新，上午则轻描淡写，晚上就浓妆艳抹。今晚自习的时候，我准备让学生完成习作3，对一件自己熟悉的小物品进行说明介绍，并推荐了例文，总结了要点，还将一班同学写的习作连同物品一同带入了班级。不知是被激励了还是想一争高下，多数学生都摩拳擦掌跃跃欲试。尚楠也不甘示弱，看到我转到他的旁边，眉头一皱，口中喃喃有词：“我写个有新意的。”我在旁边站了一会儿，见他的纸上写下了一行：我有一架飞机，翅膀是绿色的……然后端笔凝思。不便打扰，我往后面走去，再回过头的时候，他已然和同桌陈志浩咬起了耳朵。铃声响后，他的稿纸上还是那架仅有绿翅膀的飞机。他的小姐姐又来看他，这回他来了精神，抽身便走。我急忙劝道：“把你这篇习作的开头写完后，再回宿舍好吗?”小姐姐知趣地劝他几句，转身而出。

他无可奈何，咬起笔头。不过，也咬出了点东西。

“我有一支钢笔，它穿一身黑色的衣服，戴着一个（顶）白色的帽子，脖子上围着白方格的围巾，上身还有‘考试及商务专用’几个字，好像是它的名片，领带上还镶着一点红色的宝石，实在是好看极了。”

一支被他咬掉了底部封口的钢笔，我只指了指笔帽的顶端及其与下端的连接处，他就想到了帽子和围巾，还想到了名片。

对于我来说，已经心满意足，于是，让他简单收拾，速回宿舍。

他倒慢条斯理不慌不忙，从走廊里不时送给我跑了调的几声哼唱。

最近发现，这个小家伙在读书上还有点韧劲。

从图书角领到的书，他是第二个读完的。怕他读得含糊，我单独查了他的读书笔记。

暗中再留意。

他常常将书带回宿舍。阅读的时候，他一旦进入状态，便旁若无人。

于是，在班上又送给了他一阵春风。

晚上到了宿舍，小姐姐又在为他收拾旧衣服。他的行李不但叠放整齐，而且干干净净。我感谢了王老师，也顺便表扬他两句。小姐姐也为他的进步高兴，将收拾出的几双穿过的袜子递给尚楠，他虽不情愿，但还是放入盆中，走向了盥洗室。

期末自我评价

“我是一名新学生，算是中下等吧。但是我认为自己一定能成为最棒的。我的英语考试成绩是一塌糊涂，语文和数学成绩还好，我想我在老师眼里是一个差生。因为我常常闹出一些事情，在我的眼里，其实也算不了什么。但我还是有许多的小毛病，希望组长和组员多多关照我。请组长给我一个好的评价。我一定会改正这些小毛病。”

学校作文征稿，他跃跃欲试，将自己的习作修来改去，还总是缠着我问个不停，别说，读着还有点情趣。

我忠实的朋友——钢笔

我有一支钢笔，是在五年级开学的前一天爸爸给我买的。它有一身黑色的衣服，带着个雪白的帽子，脖子上围着白色方格的小围巾，像一个小爵士。帽子下还有七个字“考试及商务专用”，好像是它的小名片。实在是酷极了。

我的钢笔（身子）是铁（皮围）成的。它已经跟随我好长时间了，每天都为我辛苦工作，写作业、画画都少不了它。有一次，我一不小心把它的腿摔坏了，我不得不为我忠实的钢笔安了一个纸做的假肢，但是我仍然用它。我每晚上床前都给我忠实的朋友喝上几口甘美的饮料，直到喝得它的小肚皮鼓起来为止。

有一次，我打开文具盒一看钢笔丢了，我很着急，将课桌里里外外翻了个遍，找遍了每个角落，问遍了左邻右舍，就是不见它的踪影。正好有个同学走过来，手里拿着一支钢笔，问是不是我的。一看正是我的，我喜出望外，就跑过去，高兴地将钢笔攥在我的手心里。

从此，我忠实的钢笔就再也没有丢过，直到现在还是老样子。

是鸟，总有飞翔的日子

岳林是个胖乎乎的小家伙，一对肉乎乎的耳朵向前拢着，圆鼓鼓的脸上一双笑眯眯的小眼睛，厚厚的下嘴唇像是刚刚搽过了口红，做错了题或是受到了表扬时总爱用那胖胖的小手挠着脑袋，一副很讨人爱的样子。

刚见面的时候，并非如此。小家伙可能是有些肥胖，又是第一回过寄宿制的学校生活，自己打饭的时候，量也比别人的多些，吃饭狼吞虎咽，有两回我还见到这小家伙手上腮帮子上沾着的全是米粒，像是刚刚从饭盆里抹完了脸。当时想，这样的孩子肯定最难管理。

我的先期分析还是很准确的。当岳林拿出作业本的时候，我发现他写的字比他的体型还要臃肿，而且，不止臃肿，那字的骨架就像是软泥堆就，笔画却如繁茂的柳枝纵横盘绕，让你分不清子丑寅卯，就这样的字还是伴着“吭哧吭哧”的喘息缓缓出场的。作业对错莫论，能不能完成可说不准。本想责怪他几句，听到他那写字时吃力的喘息，看到他父母训斥得他痛哭流涕的模样，总感觉张不开口。

和他的父母交谈的时候，才知道他们由于忙于生意，无暇顾及孩子，只得寄希望于课外的补习班，每年都不少补，可就是不见效。听说这里是寄宿制，师资力量强，于是就把孩子送过来了。

这样的孩子，先别指望他有什么突飞猛进，还是调整心态，先让他熟悉和适应这里的学习与生活环境吧。于是我没有对他的学习提出任何要求，也没有对他“穷追不舍”，只要他上课能听讲、课下别“捣蛋”

就可以了。渐渐地，我发现这孩子并不是“不可救药”，只是他的基础太差，很难建立新旧知识之间的联系，但是他也想得到表扬，他那焦灼渴望的眼神就常常暗示着我。表扬总得找个“闪光点”，怎么才能给他创设个机会呢？我只能从最“基础”着手。先对他的写字做了小小的指点：字与字之间留出一定的距离，先把每个字中的横画拉直就可以了，别的什么也没有说。就是这样的要求对于他来说，也是很难办到的事情。作业稍多一点的时候，那繁茂的枝条就又盘绕在一起了。我只得“避重就轻”，看到稍清楚一点儿的字就来两句表扬的话。而那“乱糟糟的枝条”只是悄悄地指给他，绝不在众人面前指出来。渐渐地，小家伙和我套上了近乎，没事的时候，总要和我说上两句话，听到我又表扬了他，就不好意思地歪着脖儿把手在头上搔来挠去，不知道往哪儿放好。我晚上也常常到他们的宿舍去，他如果在吃东西，总是笑眯眯地递给我一点儿，有时见到他跪在床上，胖乎乎的小肚皮嘟噜着，就做出要挠他痒痒的样子，只逗得他翻来滚去，乐得死去活来……就在这快乐的时光中，他的字能分得清个儿了，横也渐渐拉直了。我又让他把字中“横折”的“折”折出棱角来，顺便也对他说：“我也很愿意听你说话，但是，要尽量说之前想一想，让老师能听明白。”于是，他又一次领到了任务……

过了两个月，他的妈妈见到了我。笑着对我说：“老师，我们的邻居说我们的孩子像换了个人似的，以前回到家里，见到他们总是说个不停，但是说出的话总是没头没脑，现在不乱说了，说出的话大家总算听明白了。在家的时候，也知道写作业了，如果作业不会急得脸通红通红的。”

我也笑了笑，“让我们再耐心点吧。”期中的时候，经过大家的评选，进步最快的奖状竟被他收入囊中。他接过奖状的一刹那，眼睛眯成了一条缝，让我附耳过来：他想现在就回家，要把获奖的消息告诉自己的爸爸妈妈……

这个学期，他的字不但能分得清个儿了，看上去也有力了。看到别人到前面进行日记宣讲，他眼巴巴地盯着，那目光中盈满的全是羡慕。于是，我又让他把每句话写通顺，他知道，总有一天，他也能站在讲台上宣读自己的日记的。我和他都相信：是鸟，总会有飞翔的日子——他现在的生字不就不用我提醒了吗？而且在听写的时候，有几次还得了100分呢。

要知道，这个小家伙一、二年级的时候，从没参加过期末考试。

奇迹在悄然间来临，这是岳林的第一步，是迟来的进步，但终究还是发生了。在学年结束的时候，岳林又被大家推举为进步最大的学生。

总有一些学生需要花更长的时间去调整与适应环境，他们所需要的是时间与耐心，以及在需要之际能得到你的帮助。

有些孩子需要花更长的时间去等待机遇，记住给他们时间，不要急于把那些本来可以自行调整的事情看做问题。

后　记

从事小学语文教学三十年，不敢奢谈经验，但是，对学生和所从事的职业，还算有一点肯负责的良心。对自己的教育教学，还能时常回头做一点拷问。

从2003年开始，自己被聘为苏教版小学语文教科书编委会、南京凤凰母语教育科学研究所“备课室”和“教材实验”的版主。一方面是兴趣使然，一方面是受负责研课、备课任务的驱动，记录教育教学随笔的习惯逐渐养成。

正是这种不断的对教学梳理甚至是重复的过程，有些问题涌入脑际。

学语文，哪路神仙念的都是“多读多写”这条真经。可现实的窘境是读破万卷书，下笔没有神的学生大有人在，甚至很多成年人亦然。

“得法于课内，得益于课外”本是经验之谈。可如何让读和写有效对接，让吸收和表达和谐共生就是个难题。当学生不能被自己的言说所感动所激励的时候，学语言也就如“鹦鹉学舌”般的了然无趣。

当我们一边挤时间让学生大量阅读的时候，一边又不得不将大量的时间投入到教材的学习之中。于是，大量阅读和教材学习似乎又成了两股道上跑的车。

“语文教材无非是例子”，可语文教材并非数学教材一样清清楚楚一条线。它需要教师依课标、据教材，更要结合学生当下的生活。

语文学科应该是“语用”课程，可是义务教育阶段，尤其是小学阶段，“学习、模仿、借鉴”语言文字运用，才更符合小学生的特点。

有些问题清楚了，有些问题到现在也不明了。

只是努力的方向更加明确。

那就是叶圣陶老先生所说的："讲课之际，自不必时时提到作文，而实则处处都与作文有关。故或以为读与作是两回事，显然不对。我竟欲谓教阅读如教得好，更不必有什么写作指导。"

虽然教过的学生喜欢学习语文，可还是感觉这是在暗中摸索。

《义务教育语文课程标准》（2011 版）中终于出现了这样的文字："要重视写作教学与阅读教学、口语交际教学之间的联系，善于将读与写、说与写有机结合，相互促进。"自己的一番暗中摸索感觉更有方向、更有目标，那就是——读写结合，读写互促。也感觉有必要把自己的实践所得和志同道合的一线教师相互交流，共同探讨。

于是，将全书分为三个部分："读写互促的理念探讨""读写互促的实践与反思""习作教学中的预设和生成"。

"读写互促的理念探讨"——主要通过对教学随笔、教学案例的整理、归类，不仅对"学习语言文字运用"，对"读写结合，读写互促"加深认识，也交流如何实施的具体做法；结合观摩学习、结合读书感悟，对司空见惯的教学行为和教学现象产生了一种个人的理解和感悟。因是一家之言、一管之见，难免谬误偏见，故称"理念探讨"。

"读写互促的实践与反思"——这部分侧重收录"读写结合，读写互促"的教学随笔，并附学生的练笔，以佐证自己的探索历程。正是这些无意为之的文字，收而拢之后蓦然回首——方知自己追求的是致用的语文。

"习作教学中的预设和生成"——是对口语交际教学和随机练笔的探索。教学之前本有此时此地的预设，但实际教学时的彼时彼刻却变数横生，于是"将错就错、顺水推舟"般地顺势而为，反倒有了"似曾相识燕归来"的感觉。

本想全部选择教学类的文章，可几篇记录和孩子们友好相处的文章实在割舍不下。当再读这些文字的时候，那张张稚气顽皮的笑脸儿又晃动在自己的眼前，感觉缺失了他们就不能称其为幸福完整的教育生活。

始终不忘引导自己对语文教学投入、深入的原赤峰市松山区教研室副主任杨连甲先生，他谨严仁厚的人格风范、锲而不舍的钻研精神时时激励着自己。

感谢《内蒙古教育》主编孙志毅先生，赤峰市敖汉旗进修学校王丛主任，是两位持久地鼓励和指导，自己才能将过于率性的实践作理性的思考，并付诸于文字。

感谢赤峰市林西县教研室韩中凌主任对本人书稿的力荐。感谢美国黄汝斌基金会的慷慨相助，自己的思考和做法才得以和同行们交流。

也要感谢领导、同事、学生及家人，有了他们的关心和支持，自己才能且行且思。

我是个崇尚行动的人，只是限于个人水平，认识和做法难免偏颇，肯请专家同行给予指正。

曹　龙

2015年1月

江苏凤凰教育出版社
《行知工程》系列丛书目录

系列	序号	书　　名	主编	定价
教育新思考系列	1	《语文教育向何处去》	王　丛	26.00
	2	《教育，就是做好普通的事》	孙志毅	27.00
	3	《走出语文的偏见——让学生体悟文本的原义》	丛智芳	30.00
	4	《让语文教学更高效——批注式阅读教学探索》	韩中凌	30.00
	5	《读写互促——探寻学以致用的语文教学》	曹　龙	30.00
	6	《跳出数学教数学——用文化融通数学教学》	马建秀	27.00
学生心理解码系列	7	《孩子问题行为一点通 ——只有好老师才知道的学生心理谜底》	严育洪	30.00
教师必读系列	8	《教师必学的16堂修养课》	武宏伟	30.00
	9	《教师不可不知的教学心理效应》	叶勇军	30.00
	10	《班主任不可不知的管理效应》	奚一琴	30.00
	11	《教师不可不知的教育心理效应》	孙　媛	30.00
	12	《校长不可不知的管理效应》	谢申刚　张金豹	30.00
	13	《成为好教师的7项修炼》	王福强　李维华	30.00
	14	《如何让学生会学习》	龙　冰	30.00
	15	《如何让学生爱学习》	周震宇　许小燕	30.00
名师感悟系列	16	《让心灵伴着歌声成长——22位音乐名师的教育智慧》	陈　璞	30.00
	17	《超越自我的教师——32位名师的成长感悟》	李卫东　李秀伟	35.00
	18	《心灵的守护者——19位名班主任的教育智慧》	王晓松　曲文弘	30.00
	19	《名师感悟班主任有效工作艺术90例》	符礼科	30.00
	20	《名师感悟有效教学90例》	林高明　徐玉烟	30.00
教育探索者系列	21	《让个性绽放精彩——学校课程体系整合与创生》	谢建伟　徐淑萍	30.00
	22	《让每个学生都幸福——最能润泽生命的学校文化建设》	谢建伟　张新喜	30.00
教育家核心思想系列	23	《多元智能理论的本土化应用》	刘治富	30.00
	24	《大教育家最具施教力的教学思想》	白刚勋	30.00

系列	序号	书　　名	主编	定价
创新教学探索系列	25	《粘连作文教学：让习作成为有个性的自我建构》	黄瑞夷	30.00
	26	《备学式教学——在体验中建构数学思维》	单广红　范雪梅	30.00
	27	《向着自主进发——自主教育的创新实施智慧》	朱亚红	30.00
	28	《写中学——让学习更有效的学科写作教学》	钟传祎	30.00
	29	《小学科学实验总动员——大科学课堂有效提升学生创新力》	江美华	30.00
	30	《小学语文单元整体课程实施与评价》	李怀源	30.00
	31	《小学英语单元整体课程实施与评价》	李怀源	30.00
	32	《小学数学单元整体课程实施与评价》	李怀源	30.00
教育管理力系列	33	《“走”出教育的精彩：走动式学校管理文化构建》	罗　军	30.00
	34	《校长兵法：学校管理四十六计》	皮大鹏	30.00
核心教学主张系列	35	《新生代语文名师核心教学主张》	许友兰	30.00
行思讲坛系列	36	《师爱无疆——润泽学生心灵的教育故事》	侯忠彦	30.00
	37	《怎样反思更有效——促进教师专业发展的反思策略》	诸贝贝	30.00
	38	《成为高度自觉的教育者——写给后课标时代的数学教师》	许卫兵	30.00
	39	《哲思数学课》	刘全祥	30.00
	40	《把学生教聪明》	严育洪	30.00
	41	《教师最应该规避的教育误区》	杨坤道	30.00
	42	《用语文的方式教语文——潘文彬教学主张与实践智慧》	潘文彬	30.00
	43	《跨越式实现高效课堂——信息技术与课程整合高效教学方案评析》	陈　玲　刘　禹	30.00
	44	《怎样让阅读教学更有效——提升教学能力的十种读诵模式》	汪秀梅	28.00
	45	《让生命在润泽中起舞——当代小学生最需要的主题班会》	吴联星　罗　琳　冯卫东	30.00
	46	《让生命欢快拔节——当代中学生最需要的主题班会》	冯卫东　吴联星	30.00
	47	《课堂因生成而精彩——高效教学的生成智慧》	张文质	30.00
	48	《回到每一个人的生命化教育——张文质二甲中学教育行动录》	张文质	30.00
	49	《智慧数学课——黄爱华教学思维的实践策略》	黄爱华	30.00
高效能教学系列	50	《让作文落地生根——提高写作实效的教学策略》	黄桂林	30.00
	51	《高效能作文教学 5 项修炼》	陈步华	30.00
	52	《高效能校长的 10 个好习惯》	张　勤	30.00
	53	《高效能教师的 10 个好习惯》	谢　英	30.00
	54	《高效能语文教学 5 项修炼》	王其华	30.00

系列	序号	书名	主编	定价
教育求索系列	55	《思政教学的人文力量》	戴晓华	30.00
	56	《师道新说——给教育者的 30 条箴言》	徐　卫	30.00
中国教育变革之路丛书	57	《百年树人师何为——教师队伍建设困顿与出路》	将丽珠　李玉向	30.00
	58	《入园何时不再难——学前教育困惑与抉择》	曾晓东 范　昕　周　慧	30.00
	59	《三尺书桌何处寻——流动人口子女教育困难与破解》	范先佐	30.00
	60	《苦旅何以得纾解——高考改革困境与突破》	郑若玲	30.00
	61	《择校纠结何时了——择校问题困局与治理》	曾晓东　周文海 曾娅琴	30.00
创新教学思想系列	62	《“大问题”教学的形与神》	黄爱华　张文质	30.00
校长领导力系列	63	《高品质学校生长要素》	王益民	30.00
	64	《校长高校教学领导力提升策略》	徐世贵　郭文哿	30.00
教育漫笔系列	65	《课堂，诗意地栖居》	吴书华	30.00
新思维系列	66	《教育中的“不一定”——打破教育的 19 种思维惯式》	严育洪	30.00
教学全手册系列	67	《小学习作教学全手册》	郭家海	30.00
	68	《中学写作教学全手册》	郭家海	30.00
	69	《情境教学操作全手册》	冯卫东	35.00
	70	《合作教学操作全手册》	李春华	35.00
	71	《探究教学操作全手册》	周新桂	35.00
	72	《自主教学操作全手册》	诸葛彪	35.00
	73	《创新教学操作全手册》	王　玮	35.00
	74	《班主任工作全手册》	刘沛华	35.00
	75	《新教师工作全手册》	周震宇	35.00
	76	《学生心里健康教育全手册》	刘海莉　刘春杰	35.00
	77	《高效教学操作全手册》	马友平	35.00
校本研修系列	78	《特色校本课程开发范例解读》	刘永平　李秀伟 张雪梅	30.00
	79	《高效校本研修模型构建艺术》	刘素雁	30.00
	80	《走向实践的教研——中小学教育科研引领与应用》	江　敏	30.00

系列	序号	书名	主编	定价
教学提升系列	81	《有思想地教阅读——让学生学会品读文字真意》	王学东	30.00
教育艺术提升系列	82	《藏在师生体态语言里的教学智慧》	张宇 廖生波	30.00
幼师成长系列	83	《幼儿行为背后——教师如何读懂幼儿的心思》	吴亚英	30.00
	84	《最具教育力的22种幼儿教育思想》	杨达	30.00
	85	《幼儿教师必知的安全应急措施》	杨达	30.00
	86	《幼儿教师必备的教育技能》	李玲	30.00
	87	《卓越园长21条幼儿园管理策略》	周丹 江东秋	30.00
创新人才培养系列	88	《创新人才培养校园科普精品课程开发与指导——人大附中创新人才培养》	罗滨	30.00
	89	《创新人才培养特色校本课程开发与创新人才培养——清华附中“国际安全下的科学技术”课程构建与实施》	王殿军 方研 赵宏雁	30.00
	90	《创新人才培养：学校实验室建设与管理》	刘克文 杨发丽 杨平	30.00
	91	《创新人才培养：数学探究活动开发与指导》	马云朋 韩继伟	30.00
	92	《创新人才培养：化学研究活动开发与指导》	王磊	30.00
	93	《创新人才培养：物理探究活动开发与指导》	廖伯琴	30.00
	94	《创新人才培养：地理探究活动开发与指导》	张建珍 陈澄	30.00
	95	《创新人才培养：生物探究活动开发与指导》	张迎春	30.00
	96	《创新人才培养：理念探索与思维突破》	王晶莹	30.00
教育思想者系列	97	《教育，一切从孩子出发》	黄俭	30.00
新生代通派名师系列	98	《简约数学教学》	许卫兵	30.00
	99	《语文教学的本真——情意课堂展现母语之美》	吴建英	30.00
	100	《语文课堂的理想追求——欢快达成三维目标》	董一红	30.00
	101	《阅读教学的真髓——意象构建读出文学的真美》	祝禧	30.00
	102	《美术教育的真谛——审美人生教育让生命绚丽成长》	陈铁梅	30.00
	103	《语文教学的理想境界——无痕教学润泽生命》	李凤	30.00
	104	《儿童作文的本义——嬉乐作文让儿童乐并成长着》	王笑梅	30.00
	105	《名师是怎样炼成的》	王建明 王笑君	35.00